Initiation à la littérature française

Antigone

Jean Anouilh

Initiation à la littérature française

Antigone

Livret de soutien
Chris Ramsey

Hodder & Stoughton
A MEMBER OF THE HODDER HEADLINE GROUP

Acknowledgements

There are numerous critical editions of *Antigone*, and much writing about Anouilh, to which I am greatly indebted. The Bordas edition of *Antigone*, edited by Jacques Monférier, is enormously helpful, as is what is still the best English edition, that edited by W. M. Landers. Philip Thody's *Anouilh* provides the clearest and best introduction to the author, and Philippe Jolivet's *Le Théâtre de Jean Anouilh*, now sadly out of print, is also rewarding.

S. Beynon John, whose lectures on Anouilh captivated me as a naïve sixth-former, has written on *L'Alouette and Pauvre Bitos* (Grant and Cutler Critical Guides series); he touches on *Antigone* here, as well as in his seminal *Obsession and Technique in the Plays of Anouilh* (Modern Drama, Essays in criticism).

Peter Downes and Paul Humberstone have been towers of strength as ever, and Paul's comments on my first manuscript were particularly helpful, as was his generous sharing of his own work.

Two further acknowledgements need to be recorded, neither of which will be expected. My first introduction to Anouilh was at the hands of probably the most memorable and inspirational teacher of French who can be imagined, John Ridler, and my debt to him is enormous. Finally, Lynne, Anthony and Edward have endured for too long the noise of a word-processor and a distracted husband and father: the result is for them.

Orders: please contact Bookpoint Ltd, 39 Milton Park, Abingdon, Oxon OX14 4TD. Telephone: (44) 01235 827720, Fax: (44) 01235 400454. Lines are open from 9.00–6.00, Monday to Saturday, with a 24 hour message answering service. Email address: orders@bookpoint.co.uk

British Library Cataloguing in Publication Data
A catalogue record for this title is available from The British Library

ISBN 0 340 77211 5

First published 2000
Impression number   10 9 8 7 6 5 4 3 2 1
Year   2005 2004 2003 2002 2001 2000

Copyright © 2000 Chris Ramsey

Typeset by Transet Limited, Coventry, England.
Printed in Great Britain for Hodder & Stoughton Educational, a division of Hodder Headline Plc, 338 Euston Road, London NW1 3BH by Redwood Books, Trowbridge, Wilts.

TABLE DES MATIÈRES

v

Anouilh

INTRODUCTION

Cette étude aidera le lecteur ou la lectrice anglophone à comprendre le texte et à exprimer des idées sur celui-ci.

Vous trouverez au début du livre :

■ un résumé de la vie de Jean Anouilh et de sa place dans le théâtre français du 20ᵉ siècle
■ des notes sur les personnages, les grands thèmes et les techniques théâtrales
■ des notes sur le vocabulaire théâtral et littéraire.

Vous trouverez pour chaque scène :

■ un résumé
■ un commentaire
■ des notes de vocabulaire
■ des questions et des exercices.

Vous pouvez utiliser cette étude en lisant le texte, mais n'oubliez pas qu'elle ne remplace pas une bonne connaissance du texte !

Avant de lire le texte : Questions

Vous trouverez les réponses à toutes ces questions à la fin de cette étude.

1 Quelle sorte de texte est *Antigone* ?
Regardez la couverture de votre édition.
Parcourez le texte rapidement.

2 C'est une pièce de théâtre de combien d'actes/scènes ?
Savez-vous comment le théâtre français classifie les scènes d'une pièce ?
Avez-vous déjà assisté à une représentation d'une pièce française ?

3 Quelles impressions avez-vous des personnages ?
Examinez leurs noms.
Connaissez-vous déjà ces personnages ?
Qu'est-ce que c'est 'un page', 'une nourrice', 'le chœur' ?

4 Quel sera le milieu ?
Regardez les premières lignes du texte.
Quel milieu est suggéré par les personnages ?

5 La pièce a été écrite à quelle époque ?
Consultez un dictionnaire de la littérature française ou votre texte.
Quel était l'état de la France à cette époque ?

6 Quels buts l'auteur a-t-il pu avoir ?

Quels sont les buts du théâtre ?

Ces buts, dépendent-ils de l'époque à laquelle la pièce est écrite ?

La vie et l'œuvre de Jean Anouilh

1910 Naissance à Bordeaux le 23 juin. Sa mère est musicienne, son père est tailleur.
Elève au Collège Chaptal (Jean-Louis Barrault, qui sera comédien célèbre, est son camarade de classe).

1925 Il commence à fréquenter les théâtres de Paris.

1928 Anouilh réussit son bac ; il gagne le prix de philosophie, ainsi que le prix de mathématiques. Il commence à étudier le droit.
Quelque temps après, il interrompt ses études pour accepter le poste de secrétaire de l'acteur célèbre Louis Jouvet.

1932 Anouilh épouse Monelle Valentin, jeune actrice.
Première de sa première pièce de théâtre *L'Hermine* au théâtre de l'Œuvre.

1935 Anouilh vend les droits cinématographiques de *Y avait un prisonnier* aux États Unis.

1937 Première du *Voyageur sans bagages*.

1938 Première du *Bal des Voleurs*, de *La Sauvage* et du *Rendez-vous de Senlis*.

1944 Anouilh écrit *Antigone*. La pièce est mise en scène à Paris. Monelle Valentin joue le rôle d'Antigone.

1953 Première de *L'Alouette*.

1959 Première de *Becket*.

1962 Première de *La Foire d'empoigne*.

1969 Première de *Cher Antoine*.

1981 Première du *Nombril* (traduite en anglais par Michael Frayn sous le titre de *Number One*.)

1987 Anouilh meurt en Suisse, où il a passé les dernières années de sa vie.

Jean Anouilh était un homme très privé, qui refusait de donner des interviews et de parler de sa vie. Ses pièces de théâtre sont de plus en plus populaires, et sont jouées partout dans le monde. Parmi ses pièces les plus célèbres sont *L'Alouette*, *Becket* et, bien sûr, *Antigone*. Très souvent, il prenait un sujet historique ou mythique (dans *L'Alouette*, c'est le procès et la vie de Jeanne d'Arc; dans *Becket*, c'est la dispute entre Thomas Becket et le roi Henri de l'Angleterre; dans *Antigone*, c'est l'histoire du roi de Thèbes et de sa nièce, déjà le sujet d'une tragédie grecque).

Le théâtre français au vingtième siècle

Le théâtre du vingtième siècle était divisé – en gros – en deux genres opposés : *le théâtre du boulevard* (un théâtre populaire, populiste et commercial) et celui de « *l'avant-garde* », qui voulait imposer des *valeurs*.

2

Anouilh montre des affinités avec les deux : ses pièces étaient toujours populaires, mais il sympathisait avec des metteurs en scène comme Jouvet, qui voulait que les pièces de théâtre contiennent des idées aussi bien qu'une représentation de la réalité.

Quant au théâtre du boulevard, il s'agissait de *drames* (violents, passionants), de *vaudevilles* (plutôt mélodramatiques) et de *comédies*. Anouilh utilisait des éléments de chacun de ces genres.

En ce qui concerne l'avant-garde, Anouilh citait comme modèles Jean Giraudoux (qui a écrit une pièce, *La Guerre de Troie n'aura pas lieu*, où la réalité humaine des mythes grecs est examinée) et Jean Cocteau. Tous les deux utilisaient des histoires anciennes pour illustrer des vérités humaines.

Le mythe d'Antigone

Pour bien comprendre l'*Antigone* d'Anouilh, il faut d'abord savoir un peu sur la mythologie grecque, et surtout le mythe du roi Œdipe, roi de Thèbes, qui est à l'origine du drame. C'était le fils du roi Laius. Selon la légende, Laius a appris de l'oracle de Delphes, qu'on croyait tout savoir, que son fils, Œdipe, le tuerait un jour. Il l'a donc blessé au pied et l'a banni. Quand Œdipe est devenu adulte, ce même oracle l'a averti qu'il tuerait son père et épouserait sa mère. Il a rencontré Laius un jour : ils ne se sont pas reconnus (puisque Laius avait banni son fils) ; ils se sont disputés, et Œdipe a tué Laius. Il est entré dans Thèbes, dont il avait tué le roi, est devenu roi lui-même et s'est marié avec la reine Jocaste, veuve de Laius. Il n'est que plus tard que tout le monde a découvert qu'il était, en effet, le fils de Laius et de Jocaste. Elle s'est suicidée ; il s'est senti tellement coupable qu'il s'est crevé les yeux, et est parti de Thèbes.

La jeune Antigone est la fille d'Œdipe et de Jocaste (la mère d'Œdipe). Elle seule est restée fidèle à Œdipe ; elle l'a suivi et l'a aidé. Mais il est mort loin de la ville.

Après la mort d'Œdipe, ses deux fils, Etéocle et Polynice, partagent le pouvoir. Ils doivent régner un an chacun, à tour de rôle. Mais Etéocle ne veut pas céder le pouvoir à Polynice après un an et le bannit. Polynice rentre à Thèbes avec une armée, menée par sept nobles étrangers (les « Sept Contre Thèbes » de la mythologie grecque). Une guerre acharnée en résulte, et les deux frères meurent.

C'est Créon, le frère de Jocaste, qui prend maintenant le pouvoir. Il veut restaurer l'ordre, et déclare que Polynice était coupable. Pour le punir, Créon décide de ne pas enterrer son corps : comme ça, son âme ne trouvera pas de repos. L'action de la pièce *Antigone* commence au moment où le nouveau roi de Thèbes, Créon, vient d'honorer Etéocle.

Pourquoi a-t-il choisi d'honorer Etéocle ? Il a en effet choisi au hasard, mais leur sœur, Antigone, veut que tous les deux soient honorés, que Polynice ne soit pas « le coupable ».

C'était le dramaturge grec, Sophocle, qui a écrit la pièce de théâtre la plus célèbre à ce sujet, et Anouilh utilise beaucoup de ses idées. D'autres écrivains avaient, eux aussi, utilisé ce mythe.

Dans ces tragédies de Sophocle, qui s'appellent *Œdipe roi*, *Œdipe à Cologne* et *Antigone*, **le destin** et **les dieux** jouent les rôles capitaux. C'est pour honorer les dieux et la tradition que la jeune Antigone veut enterrer son frère ; c'est le poids du destin qui compte à la fin. Anouilh, lui, écrit une pièce de théâtre où les personnages comptent beaucoup plus. Ils sont les mêmes, ces personnages, mais Anouilh les modernise, les rend plus humains et compréhensibles – ils ont leurs jalousies, leurs soucis politiques, leurs désirs et leurs préoccupations.

Schéma des personnages :

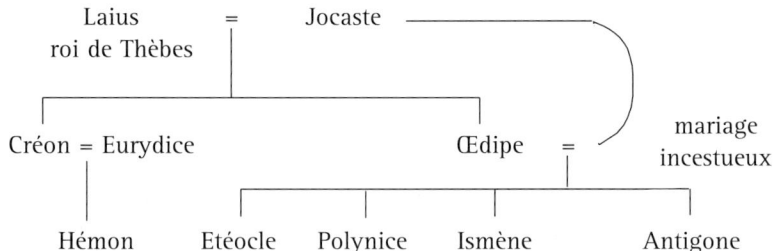

Le théâtre d'Anouilh

Jean Anouilh a écrit quelque quarante pièces de théâtre au cours de sa carrière ; il a écrit de nouvelles pièces d'une facon régulière des années trente jusqu'aux années quatre-vingts. Presque toutes ces pièces ont eu un succès énorme au théâtre, ont été traduites en d'autres langues et représentées à l'étranger. On lui reconnaît une parfaite maîtrise de cette forme d'art ; c'est avant tout un homme de théâtre, qui s'intéresse aux spectateurs, aux acteurs, et au rapport entre les deux.

D'autres dramaturges du vingtième siècle sont plus faciles à classifier. Anouilh n'est pas vraiment un écrivain philosophe ; il n'a pas de théorie individuelle du drame. Pourtant, il y a dans ce qu'il écrit des éléments empruntés à d'autres écrivains. Il a tant écrit, que la diversité est peut-être l'aspect le plus important de son œuvre.

Il a lui-même divisé ses pièces en plusieurs catégories :

Pièces Noires – c'est à dire, tragédies. Ce sont plutôt des pièces écrites entre 1930 et 1940. La plus importante, c'est *La Sauvage*, où, pour une première fois dans son œuvre, une femme très forte résiste aux efforts des autres de la retenir.

Pièces Roses – c'est à dire, comédies. Ici, encore, un individu agit librement, mais les résultats sont plutôt heureux.

Nouvelles Pièces Noires – « tragédies » écrites dans les années quarante et cinquante, y compris *Antigone*. Les sujets sont souvent empruntés à la mythologie ou à l'histoire : une autre Nouvelle Pièce Noire est *Médée*.

Pièces Brillantes. Ces pièces sont inventives, quelquefois ridicules ou bizarres, et montrent la capacité d'invention d'Anouilh (par exemple, dans *L'Invitation au Château*, un comédien doit jouer les rôles de deux frères jumeaux).

Pièces Grinçantes. Ces pièces sont plus sombres, plus « difficiles » que les Pièces Noires. Une des plus célèbres, *Pauvre Bitos*, est au sujet de la Révolution Française.

Pièces Costumées. Ces pièces prennent le plus souvent des sujets historiques, comme *Becket*.

Nouvelles Pièces Grinçantes.

Pièces Baroques. Ici Anouilh prend comme sujet très souvent le théâtre lui-même.

Pièces Secrètes.

Pièces Farceuses.

Ces pièces se ressemblent, pour la plupart, en ayant chacune un personnage principal qui rejette les valeurs de la société – surtout lorsqu'il s'agit d'un choix entre le bonheur d'une vie « normale » et la liberté personnelle. Très souvent, donc, on peut dire que ses héros ou héroïnes sont égoïstes, et que les pièces elles-mêmes sont trop semblables l'une à l'autre. Mais il y a un autre aspect très important de l'œuvre d'Anouilh : c'est le divertissement. Ses personnages insistent souvent sur le fait que la vie est une sorte de « mascarade », et Anouilh se sert, dans ses pièces, de toute une variété de techniques : des changements rapides de scène, des mélanges de tragédie et de comédie, des coups de théâtre.

On peut facilement dire que ses pièces sont pessimistes. Certes, il y a peu de bonheur dans son œuvre, et beaucoup de haine, de mépris, de refus. Par contre, les héros et héroïnes, qui se rebellent contre la société dans laquelle ils se trouvent, se rebellent contre des valeurs négatives : l'hypocrisie, la médiocrité, la grossièreté.

Anouilh avait beaucoup d'admiration pour **Shakespeare**. Cette admiration se voit dans ses **intrigues** avec des dénouements imprévus, dans ses personnages comiques ou insolites et dans des moments de comédie au milieu de la tragédie. (On pense à la scène entre le garde et Antigone à la fin d'*Antigone*, qui ressemble tellement à la scène des fossoyeurs dans *Hamlet*, ou à celle du porteur dans *Macbeth*.)

Anouilh était aussi un dramaturge comique. Il a dit lui-même que « Nous sommes drôles, même quand nous nous efforçons de prendre des poses tragiques », et la comédie joue chez lui un rôle primordial. Elle prend la forme de ce qu'on pouvait appeler « **drôlerie** » plutôt que « haute comédie » : dans cette pièce, c'est encore une fois les gardes, ou la nourrice qui font rire.

Mais un des sentiments qui se fait sentir le plus réellement dans l'œuvre d'Anouilh, c'est le sentiment de l'**absurde** (voir en dessous). L'idée que notre vie est absurde, que nous sommes dans un monde sans lois, n'était pas une idée originale. L'écrivain Camus l'a précisée ainsi dans *Caligula* (1944) : « Les hommes pleurent parce que les choses ne sont pas ce qu'elles devraient être. »

Enfin, Anouilh avait une maîtrise incontestable du théâtre. Il savait comment intéresser les spectateurs, comment les choquer, les faire rire, les faire penser. La construction de ses pièces, qui semble souvent incohérente, est en fait stricte et rigoureuse. Le lecteur trouve des fois que tel ou tel effet ou moment est grotesque ou de mauvais goût ; le spectateur apprécie ces moments. En fin de compte, les pièces d'Anouilh ont toujours eu un énorme succès.

L'Occupation et le théâtre

Antigone a été représentée pour la première fois en février 1944, à l'époque de l'Occupation de Paris par les Allemands. En juin 1940 l'armée française s'était complètement effondrée contre une armée allemande mécanisée et efficace. Beaucoup de Français avaient pris la fuite pour s'installer dans le sud de la France (qui allait devenir une « zone libre » avec un gouvernement français mais qui collaborait avec les Allemands) ; Paris a été occupé.

Pendant les années de l'Occupation, le théâtre en France, et surtout à Paris même, a prospéré : il n'y avait pas beaucoup d'autres distractions, et les autorités allemandes encourageaient les activités culturelles. Pour les écrivains français, le théâtre donnait l'occasion de faire allusion aux événements contemporains, et beaucoup des pièces représentées à cette époque-là cachent un commentaire sur la vie sous l'Occupation, derrière une histoire apparemment innocente. Le thème de la collaboration avec l'ennemi et de la résistance contre l'ennemi est devenu pour les écrivains français une des préoccupations primordiales.

Cela est le cas chez *Antigone*, où il y a beaucoup de parallèles à voir. Thèbes souffre après une guerre acharnée ; des soldats sont partout. On parle de mourir, de gagner et de perdre ; des hommes de la même famille se sont trouvés rangés l'un contre l'autre ; des représailles ont eu lieu ; il est important maintenant d'essayer de recommencer la vie « normale ». On peut donc très facilement voir en Antigone elle-même la représentation de ceux qui résistaient aux Allemands, et en Créon ceux qui collaboraient.

L'autorité de Créon est absolue, et il veut la montrer avec un acte brutal. Il veut restaurer l'ordre : beaucoup des collaborateurs avaient dit qu'ils collaboraient uniquement pour permettre à tout le monde de recommencer une vie normale. Il représente donc aussi les forces de l'ordre et de l'équilibre, tandis qu'Antigone semble représenter l'anarchie.

À Paris, ces « collaborateurs » étaient les plus puissants. Ils pouvaient voir que les Allemands étaient plus forts, et ils pensaient qu'il valait mieux transiger avec eux, accepter leurs lois et leur autorité. Un des collaborateurs les plus célèbres était Robert Brasillac, journaliste et critique, qui conseillait non seulement une collaboration avec les Allemands, mais même avec certaines idéalogies nazis. Brasillac a été emprisonné après la guerre par les Français victorieux, mis au tribunal, trouvé coupable de trahison et exécuté. Anouilh était un de ceux qui voulait défendre Brasillac. Il n'était pas d'accord avec ceux qui collaboraient (il ne « résistait » pas non plus), mais il pouvait peut-être voir que la situation n'était pas simple. Il y a, donc, des échos de l'époque contemporaine, mais il faut les considérer avec soin.

L'individu

Un des thèmes prépondérants d'Anouilh, c'est celui de la révolte contre la société. Puisque la pièce a été écrite en 1944, on dit souvent qu'Antigone représente la révolte des Français contre les Allemands, ou plutôt la révolte d'un individu français contre la collaboration. Cela est, en effet, un aspect important de l'œuvre. Mais ce qui est important pour Anouilh, c'est l'individu qui se dresse contre les autres pour lui-même. L'individu chez Anouilh se révolte d'une façon calme et délibérée ; il affirme son individualisme. Cet individualisme va à l'encontre des valeurs de la société : l'individu rejette donc les conventions, les normes, les compromis de la société, et choisit très souvent la mort plutôt que de ne pas affirmer ses idéaux.

Cet individualisme peut sembler enfantin. En fait, les héros et héroïnes d'Anouilh sont souvent des adolescents, ou bien des adolescents naïfs, qui refusent d'accepter que le monde pur des rêves de leur enfance ne correspond pas à la vie réelle. Ils (ou elles) rejettent avant tout ce que les autres appellent « le bonheur » qui, pour eux, est une médiocrité. Dans sa pièce *La Sauvage*, parue en 1938, l'héroïne crie « Vous me dégoûtez tous avec votre bonheur ! On dirait qu'il n'y a que le bonheur sur la terre. Hé bien, oui, je veux me sauver devant lui ... je ne veux pas me laisser prendre par lui toute vivante ».

Dans *Antigone*, l'individualisme se heurte contre le réalisme dans les personnages d'Antigone et de Créon. Devrait-on rester fidèle aux idéaux, coûte que coûte, ou vaut-il mieux quelquefois accepter un compromis ? Est-ce que la pureté de la jeunesse a plus de valeur que l'expérience – et la désillusion – des adultes ? L'individu, est-il plus important que la société ?

Pour l'écrivain Sartre, enfin, *Antigone* représente « une volonté nue, un choix pur et libre ». Les héros dans les romans et pièces de théâtre de Sartre ou de Camus sont le plus souvent des jeunes, qui rejettent non seulement les compromis de la société, mais aussi ceux des adultes. Cela est très souvent le cas chez Anouilh. Dans *L'Alouette*, par exemple, la jeune Jeanne d'Arc rejette non seulement l'idée de transiger avec les Anglais, mais semble ne pas vouloir grandir. De même Becket est le plus heureux lorsque c'est un adolescent.

L'absurde

On trouve dans beaucoup de textes français du vingtième siècle la notion de *l'absurde*. Ce thème, qui a donné lieu à tout un genre littéraire – *le théâtre de l'absurde* – reflète des idées suivantes :

- les événements dans ce monde se passent sans logique apparente
- il n'y a pas de justification philosophique pour notre existence
- la vie donc n'a pas de sens.

Ce sentiment de l'absurdité de la vie a été en partie suscité par l'histoire ensanglantée de la France au vingtième siècle. La France avait été envahie trois fois entre 1870 et 1940, avait connu de terribles événements ; la foi religieuse avait été profondément secouée.

Vous allez considérer les questions suivantes :

1 Quels éléments du refus de la religion trouvons-nous dans *Antigone* ?
2 Est-ce que la pièce supporte les valeurs morales traditionnelles ?
3 Quels éléments « absurdes » trouvons-nous dans la pièce ?
4 Est-ce que l'action de la pièce est vraiment « logique » ou est-elle plutôt « absurde » ?

LES PERSONNAGES

Antigone

Au début, et encore à la fin, Antigone est présentée comme une « petite fille », et Anouilh insiste sur sa jeunesse et sa pureté, ainsi que sa faiblesse physique. Son trait de caractère dominant, c'est cette adolescence, ce refus de transiger, de vieillir, de voir vieillir d'autres qu'elle aime (« J'aime un Hémon jeune et dur » dit-elle). Elle est indépendante, fière, opiniâtre. Elle est égoïste aussi. Mais elle embrasse son destin avec beaucoup de courage, et elle montre de l'affection pour la nourrice et pour Hémon. Elle semble être détachée de tout le monde ; elle adore la pureté de l'aube (« un jardin qui ne pense pas encore aux hommes »), en fait, elle semble quelquefois ne pas appartenir réellement au monde. Elle a un dégoût profond pour la raison et surtout pour le bonheur humain. Elle est d'ailleurs une sorte de garçon manqué (« ai-je assez pleuré d'être fille ») – comme une autre héroïne d'Anouilh, Jeanne d'Arc. Elle est naïve, mais fière, méprisante de Créon et capable de le montrer (« c'est cela, être roi ? »), mais tendre des fois aussi, négative en refusant la vie, mais triomphante.

Sa lettre à Hémon, et la scène avec les gardes à la fin, révèlent une faiblesse et un côté opiniâtre, enfantin, de son caractère. Son comportement, son refus, sont nés du cœur : sa tête et sa raison savent qu'elle a tort. Mais elle obéit à ses instincts.

Créon

Créon est un personnage beaucoup plus réaliste qu'Antigone. C'était aussi un jeune homme « maigre et pâle et qui ne pensait qu'à tout donner ». Il était, en effet, comme Antigone. Mais tandis qu'elle a refusé de mûrir, il a accepté le fardeau de devenir un homme, les responsabilités de gouverner et de maintenir l'ordre. Il aurait préféré ne pas être roi. Il a toujours été sensible, délicat (selon le Prologue) ; ce qu'il doit faire lui fait de la peine. Il a souvent pensé à ce qui se passerait avec quelqu'un comme Antigone : il a de l'imagination.

Il ne croit pas aux Dieux, ni aux grands mots, ni aux idéaux. Mais il est honnête. Il fait son métier sans illusions sur les autres, sans illusions sur lui-même. Il est tendre, quand même, avec le page et avec Antigone, mais il peut aussi bien être patronisant. C'est l'adulte typique auprès de l'adolescent typique.

Hémon

Il est d'abord amoureux de la jeune Antigone, mais il est étrangement dominé par elle – lorsqu'elle est partie, il doit la suivre, et son dernier cri est « au secours ». Il est, tout comme Antigone, un adolescent typique, avec des doutes et incertitudes, mais il les accepte moins facilement. Il pardonne Antigone facilement ; il n'aurait pas préféré qu'elle soit belle et douce ; il l'aime sauvage et farouche. « Personne », dit le Prologue, « n'a jamais compris pourquoi ». Enfin, comme Antigone, il refuse la vie d'adulte, ce qui fait de lui une sorte de double masculin de l'héroïne.

Ismène

Belle, douce, avec « son goût de la danse et des jeux, son goût du bonheur », cette fille est considérée comme une fille écervelée typique. Elle a peur de la douleur ; elle veut sympathiser avec et comprendre Antigone, qui, elle, rejette toute avance. Plus « pondérée » qu'Antigone, elle voit l'horreur de la mort et la difficulté de la résister. Elle est plus logique, moins capable d'aller contre Créon. Elle suit Antigone, mais elle survit. Elle accepte donc les compromis, le bonheur. Elle va vieillir, elle va avoir des enfants, elle va vivre. Elle reste la fille coquette, soucieuse de ses bouclettes et de son maquillage.

10

La Nourrice

La nourrice est un personnage comique. Elle rappelle en quelque sorte la nourrice de « Roméo et Juliette » de Shakespeare (un parmi plusieurs échos Shakespearéens chez Anouilh) et fournit quelques moments comiques au milieu de la tragédie. C'est une vieille servante un peu lente, un peu bourrue, mais tendre, prompte aux larmes. Elle est la nourrice stéréotypée : elle sermonise sans cesse, gronde, critique, exclame, déclame. Mais Antigone lui montre beaucoup de tendresse.

Les Gardes

Ils sont, eux aussi, des personnages stéréotypés du théâtre comique. Ils sont bavards, obsédés par les grades, leurs loisirs, les boissons, les histoires. Ils sont vulgaires, ivrognes, respectueux auprès de Créon mais ignorants de la réalité politique de la situation. Anouilh semble à la fois se moquer du militaire ou de la police, comme il est facile et amusant de le faire, et aussi illustrer que pour les petits qui effectuent les ordres des grands, la vie continue, banale et ordinaire, après toute tragédie et tout bouleversement politique. Ils ont le dernier mot à dire : la pièce finit avec eux.

VOCABULAIRE ET
EXPRESSIONS UTILES

Expressions utiles pour parler du théâtre d'Anouilh

Vous allez chercher des exemples de ces techniques dans *Antigone*.

un retour en arrière   technique de voir l'action rétrospectivement ;
chez Anouilh, on voit très souvent la fin d'une histoire d'abord, puis
retourne au début.

un monologue   discours qu'un personnage tient avec lui-même.

un anachronisme   mot, expression ou description hors de son époque.
Exemples ici : des cigarettes ou des motos en Grèce ancienne.

le tirade   discours passionné, surtout avec des répétitions, questions
rhétoriques, mots violents...

un quiproquo   situation où une personne ne comprend pas une autre, ou
ne sait pas la vérité.

dire oui/dire non   accepter la réalité de la vie et transiger, faire de son
mieux/continuer à croire en ses principes, refuser de transiger.

le ressort du drame   le moment où l'action tourne et devient inévitable.

le dénouement   la fin, l'explication du drame.

l'exposition   explication de l'histoire et ce qui a mené là où nous en
sommes actuellement.

un arrière-plan   fond, décor historique ou autre.

la grossièreté   gros mots, jurons, langage familier ou vulgaire.

vraisemblable   qu'on peut croire, réaliste.

la désacralisation   destruction d'un mythe ou de ce qui est sacré.

Vocabulaire littéraire

noter *to note*
commenter *to comment on*
analyser *to analyse*
le contexte *context*
comparer *to compare*
la comparaison *comparison*
le contraste *contrast*
critiquer *to criticise*
l'aspect (*m*) *aspect*
l'élément (*m*) *element*

l'écrivain (*m*) *writer*
l'auteur (*m*) *author*
le genre *type of work*
l'ouvrage *work (of art, fiction etc)*
le chef d'œuvre *masterpiece*
le dramaturge *playwright*
la pièce (de théâtre) *play*
l'acte (*m*) *act (of play)*
la scène *stage or scene* (NB the
  French convention is that each
  time a character enters or exits, a
  new scene starts. Anouilh himself
  does not always observe this
  convention.)
le texte *text*
le titre *title*
la phrase *sentence*
le vocabulaire *vocabulary*
l'image (*f*) *image*
la structure (dramatique) *(dramatic)
  structure*
la comédie *comedy*
les comédiens *actors*
la tragédie *tragedy*
citer *to quote*
la citation *quotation*

le but *aim*
le sujet *subject*
le thème *theme*
le sens *sense*
la signification *meaning*
signifier *to mean*

le milieu *setting*
le cadre *background (of time, place)*
le décor *scenery, background
  (literal)*
l'ambiance *atmosphere*
traiter de *to be about*
il s'agit de *it's about*
le scénario *the plot*

le personnage (principal) *(main)
  character (i.e. person)*
le caractère *character (i.e. what the
  person is like)*
le protagoniste *protagonist,
  character*
le héros *hero*
l'héroïne (*f*) *heroine*
le portrait *portrait*
Faites le portrait de ... *describe the
  character of ...*
camper/décrire un personnage *to
  depict/describe a character*
le trait *characteristic*
typique *typical*
le comportement *behaviour*

suivre *to follow*
l'histoire (*f*) *story, history*
l'intrigue (*f*) *plot*
l'action (*f*) *plot*
relancer l'intrigue *to give new
  impetus to the plot*
la péripétie *twist in the plot*
le dénouement *outcome*
le débat *debate*
la discussion *discussion*
le monologue *monologue*
le dialogue *dialogue*
le discours *speech*

le style *style*
le registre *register*
la tonalité *tone*
le ton *tone, voice*

le cliché *over-used expression*
décrire *describe*
la description *description*
représenter *to represent*
peindre *to depict*
évoquer *to evoke*
exprimer *to express*
nier *to deny*
constater *to state*
prétendre *to claim*
clairement *clearly*
raconter *to tell (a story)*
errer *to wander*
observer *to observe*
le détail *detail*
le réalisme *realism*
l'objectivité (f) *objectivity*
imaginaire *imaginary*
authentique *authentic*
vraisemblable *realistic*
réel *real*
irréel *unreal*
se moquer de *to laugh at*
s'en prendre à *to have a go at*

l'humour (m) *humour*
le sens de l'humour *sense of humour*
la parodie *parody*
le drame *drama*
amusant *amusing*
comique *comic*
drôle *funny*
attristant *saddening*
ironique *ironic*
prendre au sérieux *to take seriously*
insolite *unusual, bizarre*

goguenard *ironic, quietly mocking*
vaniteux *vain*
modeste *modest*
le sang-froid *calmness*
en décalage avec la réalité *out of touch with reality*

mettre en valeur *to highlight*
mettre en relief *to bring out*
par contraste *by contrast*

l'émotion *emotion*
émouvant *moving*
romantique *romantic*
tragique *tragic*
pathétique *full of pathos, sad*
dramatique *dramatic*
réagir *to react*
la réaction *reaction*
le sentiment *feeling*
sensible *sensitive*
la sensibilité *sensitivity*
la mélancolie *melancholy*

(se) disputer *to argue*
enterrer *to bury*
l'enterrement *burial*
gouverner *to govern*
l'ombre (f) *shadow, ghost*

l'éclairage *lighting*
surgir *to appear suddenly*
survenir *to turn up*
un silence *pause*
achever *to finish*
jouer un rôle *to play a part*
le lever du rideau *curtain up*

13

LE PROLOGUE

Résumé

Anouilh veut que le décor soit « neutre » : nous pouvons être n'importe où et n'importe quand. Les comédiens entrent, comme si c'était une répétition. Nous savons donc tout de suite que nous assistons à une pièce de théâtre.

Le prologue présente l'action : il explique aux spectateurs ce qui se passe. Il parle même de la mort d'Antigone (« il va falloir qu'elle joue son rôle ») : le déroulement de l'histoire est déjà décidé. Il nous présente les autres personnages, qui ne l'écoutent pas : Créon, qui est délicat et qui n'aime pas son rôle, Hémon et Ismène, le messager, Euridyce (qui ne dira rien au cours de la pièce) ; il explique l'histoire, racontant que l'ancien roi de Thèbes, Œdipe, avait laissé deux fils qui se sont entretués. Les comédiens commencent l'histoire.

Commentaire

1 Le thème du théâtre

Un des thèmes les plus constants d'Anouilh, c'est celui de *jouer un rôle* dans la vie : nous sommes tous des acteurs et actrices ; la vie est une sorte de théâtre. Le prologue nous rappelle que nous sommes au théâtre (une sorte de choc : le théâtre est un artifice). Si les rôles sont déjà décidés, ils sont inévitables : les personnages (et peut-être tout le monde) n'ont pas de liberté : « il sait déjà...[il] ne peut rien non plus ... »

L'insistance sur le théâtre souligne donc le thème du destin et peut-être la tragédie aussi.

2 La présentation des personnages

Les personnages sont présentés comme des gens normaux, et non pas comme des héros mythologiques. Ils sont en train de faire des choses quotidiennes, sans se préoccuper des spectateurs. Euridyce tricote (comme d'autres personnages dans les pièces d'Anouilh ; tricoter semble représenter en quelque sorte la banalité quotidienne) ; le messager rêve ; tout le monde bavarde ou joue aux cartes...

Il y a quatre exceptions : Antigone, Hémon, Créon et le messager.

La sensibilité et la jeunesse d'**Antigone** sont soulignées. Elle est « la petite maigre » qui pense, qui est, et sera, seule. « Elle sent qu'elle s'éloigne »; d'ailleurs, la petite histoire que le prologue raconte, celle du moment où Hémon avait demandé qu'elle l'épouse, s'était aussi passé quand elle « rêvait ». Antigone est donc déjà la victime, déjà préoccupée par son sort.

La solitude de **Créon** est évidente aussi. Il « médite » ; il est « fatigué ». Il est sensible, artistique, mais il a accepté de laisser « ses livres, ses objets » (d'art) et de travailler pour le pays. Encore une image typique d'Anouilh, c'est celle de *retrousser les manches* ; en effet, Créon est présenté comme quelqu'un qui est résigné à faire quelque chose qui doit être fait.

Hémon est aussi seul et mystérieux. Tout ce qu'on sait de lui, c'est qu'il a été attiré vers Antigone sans savoir pourquoi, et que personne d'autre ne l'a jamais compris non plus. Il semble, lui aussi, être une sorte de victime.

La solitude du **messager** prévoit la tragédie de la pièce : il sait déjà qu'il devra annoncer la mort d'Antigone.

3 Les anachronismes (voir page 11)

Comme dans presque toutes ses pièces, Anouilh nous fait penser que ce qui s'était déroulé dans cette légende ancienne peut aussi bien se passer à notre époque. Nous ne pouvons pas nous dire que ce n'est que mythologie, car ces personnages mythiques ont des aspects modernes : le goût de la danse ; les longues flâneries chez les antiquaires ; le jeu de cartes ; l'odeur d'ail, de

15

cuir, de vin rouge. Même des mots comme *mandaté* ou *vaurien* rappellent notre époque.

Exercices de compréhension

A Choisissez l'expression qui convient le mieux au sens du texte :

1 Les personnages au début sont (*a*) insouciants   (*b*) inquiets.
2 Antigone est (*a*) la même qu'eux   (*b*) différente.
3 Créon est présenté comme un personnage (*a*) rude   (*b*) délicat.
4 Il jouera son rôle (*a*) facilement   (*b*) tout seul.
5 On a décidé de laisser pourrir (*a*) Polynice   (*b*) Etéocle.

B Trouvez le mot/l'expression dans le texte qui correspond à chaque définition :

1 avec une rapidité enivrante
2 ravissante, étincelante
3 (les) promenades
4 au début, à l'entrée
5 le paresseux

C Est-ce que les constatations suivantes sont vraies ou fausses ? Expliquez votre réponse.

1 Antigone est proche de sa sœur.
2 Hémon aimait Ismène.
3 Le Messager est inquiet.
4 Les gardes sont coupables de la mort d'Antigone.
5 Etéocle avait gouverné avant Polynice.
6 Thèbes a gagné la bataille contre les envahisseurs.
7 Etéocle était plus vertueux que Polynice.
8 Il est interdit d'enterrer Polynice.
9 Les personnages ont écouté le Prologue.
10 Nous sommes au lever du jour.

D Complétez ce résumé de l'histoire, comme le Prologue nous l'a présentée. Vous mettrez un ou plusieurs mots dans chaque trou.

L'histoire commence _____ la mort d'Œdipe. Ses deux fils se sont _____ et Créon est _____ roi de Thèbes. Il a commandé un _____ imposant pour _____ mais _____ devait rester _____ pour _____ aux citoyens. Il est défendu de l' _____, sous peine de _____.

16

ANTIGONE ET SA NOURRICE

Vocabulaire de base

entre-bâillée à moitié ouverte

dure tête comme toi opiniâtre, comme tu l'es

c'est du propre ! c'est honteux (l'expression est ironique)

t'attifer (s'attifer) s'habiller, se maquiller avec soin

les bouclettes petites boucles de cheveux

la fanfaronne fille arrogante

filer s'en aller

une marmotte femme stupide ou qui ne voit pas quelque chose

Résumé

C'est l'aube. La nourrice est étonnée qu'Antigone ne soit pas au lit ; Antigone explique qu'elle était sortie pour voir le lever du soleil, mais la nourrice lui demande si elle a eu rendez-vous avec un amant. Antigone ne dit pas le contraire ; la nourrice suppose qu'il s'agit d'un voyou du village. Lorsqu'elle commence à pleurer, Antigone lui explique que ce n'est pas vrai : elle n'a pas d'amant, mais qu'il faut qu'elle ne soit pas « petite » ce matin.

Commentaire

1 Les personnages

La nourrice est la servante typique : elle est simple, terre-à-terre, un peu lente d'esprit. Comme l'adulte stéréotypée qui parle à l'adolescente, elle fait des exclamations choquées, elle est scandalisée par le comportement de la jeune fille. On remarque combien de fois elle appelle Antigone « menteuse », « malheureuse » etc. ; elle « éclate » , exclame... c'est un personnage exagéré, et qui contraste fortement avec celui d'Antigone.

Antigone, de son côté, est plutôt lointaine, rêveuse, énigmatique. On remarque les mots d'Anouilh : elle parle « doucement », « étrangement », elle est « grave », « un peu lasse ». Elle est déjà « différente ».

Par contre, elle est toujours une fille très innocente. Elle appartient à l'aube, elle admire sa fraicheur, sa pureté. Elle sait que la nourrice ne comprendra pas ce désir d'échapper et elle lui ment, mais elle montre enfin beaucoup d'affection (« elle l'embrasse ») et l'appelle « ma vieille pomme toute ridée » – un surnom à la fois affectueux et familier. C'est comme si elle est la plus âgée et qu'elle réconforte la nourrice. Le personnage d'Antigone est donc un mélange d'enfantisme et de maturité.

2 La comédie

Anouilh veut toujours trouver un peu de comédie dans son action. Le contraste entre les deux personnages dans cette scène est comique ; les anachronismes le sont aussi (« du rouge aux lèvres ... »). Enfin, la façon de parler qui nous rappelle le parent stéréotypée (« donnez-vous du mal pour les élever... ») fera rire.

3 Le ton

Le mélange de tons est typique de la pièce : la simplicité familière, la poésie (lorsqu'Antigone parle de l'aube), le pathétique. Mais ce qui est typique aussi, c'est l'aspect irréel de cette scène. L'aube est « une carte postale », les couleurs sont simples, tout est endormi : cela pourrait se passer n'importe où et n'importe quand.

Exercices de compréhension

18

A **Remplissez les blancs pour compléter ce résumé de la scène :**

La nourrice est _____ de ne pas avoir trouvé Antigone. Celle-ci était _____ très tôt le matin. Elle a trouvé l'aube _____. La nourrice lui fait des _____, parce qu'elle croit qu'Antigone _____ quelque garçon. Finalement Antigone _____ la nourrice.

B **Trouvez dans le texte les mots/expressions qui correspondent à chaque définition :**

1 à son insu ; il n'a pas réalisé
2 elles se ressemblent
3 avec les cheveux en désordre
4 que l'on ne voit pas
5 un peu fatiguée

C **Notez et commentez :**

1 les noms que la nourrice utilise pour appeler Antigone
2 les changements dans le comportement d'Antigone

Ismène entre pour voir Antigone, et la nourrice sort presqu'immédiatement « pour chercher un petit café ».

ANTIGONE ET ISMÈNE

Vocabulaire de base

entêté(e) opiniâtre, têtu

aigu(e) particulièrement vif

hurlant(e) criant

muet(tes) qui ne peut pas parler

imperceptible impossible à voir

Résumé

Ismène est venue chercher Antigone. Il paraît qu'elles avaient eu l'idée de faire quelque chose ensemble, car Ismène dit qu'elle a « réfléchi » et décidé qu'il ne faut pas le faire. Ni l'une ni l'autre n'a dormi de la nuit. Ismène a conclu que l'idée – qui n'est pas encore expliquée – est « folle », dangereuse, que Créon les « tuerait », qu'elle n'a pas envie de mourir, qu'elle a trop peur pour le faire. Elle dit d'ailleurs qu'elle comprend Créon. Antigone semble implacable : elle n'écoute pas sa sœur, ne veut pas réfléchir, ne veut pas comprendre Créon. Elle n'a pas, paraît-il, envie de vivre ; elle persuade Ismène d'aller se coucher et reste seule sur la scène.

19

Commentaire

1 Les personnages

Cette scène, comme la scène précédente, fonctionne par un contraste entre deux personnages : l'un fort, implacable, idéaliste ; l'autre humain, faible, réaliste. Il y a, pourtant, des nuances plus subtiles dans les deux personnages.

Ismène a réfléchi ; elle est, d'ailleurs, plus « pondérée », dit-elle. Elle est plus âgée qu'Antigone, essaie de prendre des responsabilités. Elle se moque même un peu d'Antigone (« te voilà lancée sans écouter personne ») ; on peut vraiment imaginer qu'elle la connaît bien. Elle comprend la réalité de la situation, elle exagère peut-être un peu, mais envisage très clairement les gardes, la violence, la vengeance du roi. Elle est sensible : elle sait qu'elle ne pourra pas souffrir pour ses idées. Elle n'est pas, comme elle le dit, très courageuse.

Antigone évoque son enfance de garçon manqué, tout en montrant de la tendresse envers Ismène. Mais à part ce côté humain, elle fait preuve avant tout d'un sens du destin et d'un idéalisme. On se rappelle les paroles du Prologue : « à chacun son rôle » : tout le monde doit faire ce qui est écrit pour lui. Ce qui caractérise Antigone ici, c'est le refus de tout ce que dit Ismène (« il ne faut pas réfléchir » ... « il ne faut pas que je donne l'exemple » ... « je ne veux pas comprendre »). Ce dernier refus révèle une certaine frustration – la frustration d'un enfant (« il fallait comprendre qu'on ne doit pas manger tout à la fois ... »), celle du garçon manqué (« ai-je assez pleuré d'être fille ») et celle de l'idéaliste qui ne veut pas qu'on la dissuade. Elle ne veut pas qu'Ismène lui montre de la tendresse ; à la fin de la scène, elle admet qu'elle n'a pas envie de mourir, mais elle reste « fermée ». Pourtant elle est fatiguée par l'échange.

2 Les attitudes et le drame

Encore une fois, l'effet de la scène tient à un contraste d'attitudes et de personnages. Ici, on voit la puissance de la structure et du langage. Au début de la scène les échanges sont courts, implacables. Antigone transforme chaque point d'Ismène en négatif. Mais vers la fin de la scène, chaque personnage a un discours plus long, qui permet d'élaborer le personnage et d'approfondir le contraste. Celui d'Antigone (« Comprendre... ») révèle les frustrations humaines et la solitude de cette petite fille (« vous tous... ») ; celui d'Ismène révèle sa peur profonde et son horreur des gardes « imbéciles », sa délicatesse, son imagination.

3 Le mystère

Les spectateurs, qui se rappellent des paroles du Prologue, peuvent bien se douter qu'Antigone et Ismène parlent du projet d'enterrer leur frère. Mais la tension de la scène vient du fait qu'elles ne le disent pas. Au début, les constatations craintives d'Ismène contrastent avec le « oui » répété d'Antigone. Les doutes d'Ismène (« Je ne veux pas mourir ») contrastent avec la décision d'Antigone (« Je n'aurais pas voulu mourir ») ; presque chaque parole contredit la précédente (« il est le roi » ; « je ne suis pas le roi » ; « je comprends » ; « je ne veux pas comprendre »), ce qui donne à ce début de la scène sa tension. Plus tard dans la scène, Ismène évoque d'une façon très vivante l'horreur qui viendra. Le mystère (ces souffrances, comment et à qui se passeront-elles ?) est souligné par les paroles « fermées » d'Antigone, ses « sourires imperceptibles », ses expressions souvent négatives et par le fait que l'acte proposé n'est jamais précisé. Chacune sait de quoi elles parlent, mais c'est un acte tellement fou qu'elles n'osent même pas le nommer.

Exercices de compréhension

A Expliquez en français le sens des expressions suivantes :

1 tant pis si c'est une bêtise
2 te voilà lancée
3 grouillant
4 au supplice
5 pleurnicher

B Est-ce que les constatations suivantes sont vraies ou fausses ?
Expliquez votre réponse.

1 Lorsqu'elle était jeune, Antigone admirait la beauté d'Ismène.
2 Antigone ne veut pas mourir.
3 Antigone n'écoute pas réellement Ismène.
4 Antigone n'a jamais voulu comprendre les choses.
5 Ismène a peur de la foule.
6 Antigone a toujours eu pitié des animaux.
7 Antigone ne veut pas qu'Ismène ait pitié d'elle.
8 Ismène ne croit pas que les idées soient pour les femmes.
9 Antigone attire les hommes.
10 Ismène doit être très fatiguée.

C Répondez brièvement aux questions suivantes.

1 Pourquoi faut-il que Créon « donne l'exemple », selon Ismène ?
2 Est-ce que c'est un roi puissant ? Expliquez.
3 Qu'est-ce qu'Ismène pense des gardes ?
4 Quelle est l'attitude d'Antigone envers le courage ?
5 Quelle est l'attitude d'Antigone envers les filles ?

D Qu'est-ce que vous pensez de ces phrases ? Expliquez brièvement vos
réponses.

1 Il est le roi, il faut qu'il donne l'exemple
2 Je ne veux pas avoir raison
3 les gardes avec leurs têtes d'imbéciles
4 ne nous mettons pas à pleurnicher
5 Hémon sera ... une affaire réglée

La nourrice rentre avec du café et des tartines ; Ismène sort.

ANTIGONE, LA NOURRICE ET, PLUS TARD, HÉMON

Vocabulaire de base

ricane rit en se moquant de quelqu'un

son hululement ses cris

qui salit tout qui rend tout sale

tu câlines tu caresses

ma mignonne ma petite, ma chérie

le rouge à lèvres maquillage que l'on met sur les lèvres

serre-moi embrasse-moi

mal peigné(e) en désordre

doré(e) couleur d'or

bouleversé très étonné

errer marcher au hasard

Taoutaou monstre imaginaire qui fait peur aux enfants

tu me fais tourner en bourrique tu me rends folle

22

Résumé

La nourrice offre d'abord du café et des tartines à Antigone, qui refuse de manger. Elle semble souffrir, quand même, et demande d'être chauffée. Dans les bras de la nourrice, qui l'embrasse « comme lorsque j'étais malade », Antigone lui demande de s'occuper de sa petite chienne « si moi, pour une raison ou pour une autre, je ne pouvais plus ... ». À l'entrée d'Hémon, le fiancé d'Antigone, celle-ci se précipite sur lui et demande tout de suite pardon « pour [la] dispute d'hier » ; lui l'avait déjà pardonnée. Elle lui demande de l'embrasser, et parle du « petit garçon que nous aurions eu tous les deux » ; elle lui demande d'avouer son amour pour elle. Hier soir, elle était venue chez lui « avec une robe, du parfum ... pour que tu me prennes », mais maintenant, elle lui dit qu'elle ne pourra pas être sa femme. Elle ne lui permet pas de parler ; elle le fait partir. Ismène revient, plaidant avec Antigone de ne pas enterrer Polynice, de l'oublier, d'attendre. Mais c'est trop tard : Antigone l'a déjà enterré.

Commentaire

1 Le personnage d'Antigone

Antigone montre ici de la faiblesse humaine. Après avoir constaté devant Ismène qu'elle n'a pas peur, elle semble avoir menti. Elle imagine des cauchemars, des ombres, des insectes de la nuit ... elle parle d'être « sauvée par la nourrice ». Elle montre de la tendresse pour sa chienne, ne peut pas supporter l'idée d'un avenir où cette bête souffrira. Auprès d'Hémon, Antigone est soudain romantique. La « dispute d'hier » était, pour lui, une simple dispute d'amants. Pour elle, c'était important, et elle veut la réparer. Elle admet son tort. Elle avoue avoir fait une erreur – en se maquillant et s'habillant comme si elle était belle, comme Ismène. Elle est honnête, tendre, et parle en tant que mère, de l'enfant qu'ils « auraient eu » ensemble. Elle est plus vulnérable que jamais ; elle ne cesse de le « prier » de faire des choses, comme si elle dépend de lui pour se donner de la force. Elle a besoin de savoir qu'il l'aime ; elle est « bouleversée ».

2 Le drame

Tout le drame de cette scène tient à Antigone ; Hémon ne parle que très peu. Il ne comprend pas ce que nous autres spectateurs commencent à comprendre - que son sort est inévitable. Ses paroles sont de brèves exclamations, des questions, des propos pas finis ; il murmure et parle après des pauses.

La sympathie d'Anouilh se montre ; Antigone « le regarde avec son pauvre visage bouleversé » et « se tient blottie ».

Mais c'est avant tout dans le jeu de temps que le drame de cette scène devient évident. Antigone parle au conditionnel : « le petit garçon que nous aurions eu ... je l'aurais défendu ... » Tout est déjà décidé : cette vie « normale » ne se passera pas.

Exercices de compréhension

A Dites si les phrases suivantes sont vraies ou fausses, corrigeant celles qui sont fausses.

1 Antigone n'est pas malade.
2 Antigone croit que la nourrice va la sauver.
3 La nourrice aime bien Douce.
4 Hémon avait pardonné Antigone tout de suite.
5 Antigone voulait protéger son enfant.
6 Hémon ne pense pas qu'Antigone soit belle.
7 Hémon accepte de partir sans rien dire.
8 Antigone avait emprunté des vêtements de femme à Ismène.
9 Hémon part dans un état de désespoir.
10 Antigone est en paix à la fin de la scène.

B Traduisez en anglais les expressions suivantes :

1 nulle part, nounou.
2 ma mésange
3 il faudra que je la laisse tout abîmer sans rien dire ?
4 c'est plein de disputes, un bonheur
5 *[il] la berce doucement*

C Complétez ces phrases pour faire un résumé de cette scène.

1 Antigone veut d'abord que la nourrice ...
2 Avec sa nourrice, Antigone dit qu'elle n'a ...
3 La nourrice promet de ...
4 Antigone demande pardon à Hémon pour ...
5 Elle lui dit qu'elle ne pourra ...

À un cri d'Ismène, les deux filles sortent, et nous sommes chez Créon.

CRÉON (AVEC SON PAGE) ET LE GARDE

Vocabulaire de base

je suis « service » je comprends bien l'armée

« Avec Jonas, on est tranquille » Nous pouvons compter sur Jonas

on battait la semelle on se réchauffait en battant la terre du pied

la relève de deux heures les gardes qui allaient les remplacer à deux heures

tueur appointé assassin payé

il bafouille il parle en murmurant, nerveux

Résumé

Le garde, Jonas, « une brute », se présente. Il a peur ; d'abord il ne fait que s'excuser et insister qu'il n'est pas coupable. Créon commence à s'irriter. L'histoire que le garde est venu raconter se déroule peu à peu : les gardes surveillaient le cadavre de Polynice la veille mais « quelqu'un » a commencé à le recouvrir, contre les ordres de Créon. Ils ont trouvé une pelle d'enfant. Créon le renvoie pour continuer à veiller : si personne ne le sait, le garde vivra, mais si le bruit court que quelqu'un a essayé d'enterrer Polynice, le garde sera tué tout de suite. Créon finit par réfléchir à ce qu'Antigone (car c'était elle, l'enfant) a fait, et par demander au page si lui aussi oserait faire un geste pareil.

Commentaire

1 Le personnage de Créon

C'est la première fois que nous écoutons Créon, l'homme « délicat » du Prologue. Il est brusque, impatient : ses premières paroles sont de courtes questions (« Parle. De quoi as-tu peur ? ») ; il ne cache pas son impatience et son mépris du garde. Lorsqu'il apprend la terrible nouvelle, il réagit en tyran (« Qui a osé ? ») . C'est seulement plus tard qu'il devient rêveur.

Ce long discours (« Un enfant... ») nous révèle beaucoup. D'abord, son mépris du peuple et sa délicatesse (« les chefs de la plèbe puant l'ail »), puis son cynisme envers les traditions et la religion (« les prêtres essayant de pêcher un petit quelque chose ») et enfin son pessimisme et son œil pour la politique, lorsqu'il imagine combien ses ennemis ont à gagner de cette affaire, s'il est faible, si les gens de Thèbes n'obéissent pas à ses ordres, si quelqu'un peut enterrer Polynice sans être puni. Ce Créon est amer, cynique, réaliste, un homme politique mais qui montre à la fin de l'affection pour son page.

25

2 Les gardes

Chez Anouilh, les personnages ordinaires – servantes, gardes, soldats – sont souvent comiques. Anouilh ne se moque pas d'eux, mais il les fait parler de leurs petites inquiétudes ; ils ne comprennent pas l'action ni l'importance de l'histoire. Nous savons que ce qui s'est passé – la tentative d'Antigone d'enterrer son frère – est la clé de l'histoire.

Le prologue, les discours d'Ismène et d'Antigone elle-même - tout nous a préparés. Nous partageons l'impatience de Créon de savoir ce qui s'est réellement passé, et comment. C'est un moment important que les gardes ont vécu. Mais Jonas ne le reconnaît pas ; en fait, il est naturel qu'il ne le reconnaisse pas. Sa vie est loin de la cour, loin des « grands ». Ce qu'il dit est donc banal (il parle de son grade et de son service lorsque nous voulons entendre exactement ce qui s'est passé). D'ailleurs, ce qu'il dit est ironique (il insiste sur le fait qu'ils ont joué leur rôle, ils ont gardé le cadavre - « je suis méticuleux »). Le garde ne cesse pas d'insister sur ses années de service, à tel point que Créon finit par éclater. C'est une sorte de caricature du militaire, obsédé par le protocol, les ordres. Il appelle Créon « chef » ; il tourne autour de l'histoire avant de la raconter, ne pouvant pas s'empêcher de parler de sa promotion imminente. On peut facilement l'accuser d'égoïsme.

Mais il a son côté humain aussi ; lorsqu'il parle de ses enfants, on ne peut pas s'empêcher de sympathiser avec lui.

Exercices de compréhension

A Trouvez dans le passage des mots / expressions qui ont le même sens que les expressions suivantes :

1 normalement
2 d'après les traditions
3 je ne me suis pas du tout assis
4 il bégaie
5 quelqu'un m'a vu

B Expliquez le sens et l'importance des paroles et expressions suivants :

1 c'est quelqu'un qui savait ce qu'il faisait
2 L'opposition brisée qui sourd et mine déjà partout
3 une petite pelle d'enfant
4 double aubaine
5 la jolie besogne
6 (*il murmure*) un enfant
7 tu mourrais ... pour moi ?
8 on l'entend soupirer

Créon sort avec le page ; on est arrivé au « ressort » du drame.

LE CHŒUR

Vocabulaire de base

le ressort est bandé le mécanisme est prêt

un petit coup de pouce un peu d'aide

bien huilé graissé, préparé

un film dont le son s'est enrayé un film sans son, en silence

ces méchants acharnés ces gens mauvais et déterminés

la trahison perfidie, manque de fidelité

une question de distribution une manière de distribuer les rôles

Résumé

Le chœur, personnage traditionnel d'une tragédie ancienne, survient pour
expliquer que la fin de la pièce est maintenant inévitable ; ce rôle est très
souvent joué par le même acteur que le Prologue, ce qui n'est pourtant pas
indiqué par le dramaturge. C'est un discours apparement léger : il parle de
la tranquillité de la tragédie, la propreté, la netteté ; c'est comme s'il veut
traiter l'histoire à la légère. Mais la dernière phrase est plus pesante : la
petite Antigone va maintenant être elle-même.

Commentaire

1 L'art dramatique

Dans cette pause au milieu de l'action on pense d'abord qu'Anouilh partage
avec nous ses idées sur l'art dramatique. En fait, il discute ici de son art :
de même qu'au début, où le prologue avait diminué l'émotion et le surpris
de l'action en racontant ce qui allait se passer et en le décrivant à la légère,
le chœur parle ici de l'inévitabilité du sort d'Antigone. Le ton est cynique,
léger : « on est tranquille ... c'est reposant ». Nous ne devons pas pleurer
Antigone. Ce n'est pas comme le drame, où l'héroïne pourrait éviter le pire :
ici, elle va l'embrasser.

D'une part, Anouilh semble diminuer l'effet de son art. D'autre part, il le
met en relief. Il explique pourquoi cette tragédie est une tragédie, et
suggère quelle pourrait être la grande différence entre Antigone et Créon :
celle-là est pure, celui-ci est « ignoble...utilitaire ».

27

2 La tragédie

La tragédie est présentée comme un phénomène mathématique, scientifique,
pur. Le drame, que le chœur décrit avec mépris, est plein de quiproquos, de
moments excitants, de possibilités d'échapper. Anouilh suggère peut-être
que cette sorte d'histoire est artificielle. On se rappelle ici peut-être que
l'époque de la guerre était une époque où personne ne savait exactement
qui faisait quoi, qui collaborait et qui résistait, qui était héros et qui était
ennemi. Les temps étaient sombres, douteux, incompréhensibles. On ne sait
peut-être jamais qui est bon et qui est mauvais. Peut-être que les héros ne
peuvent plus exister. Notre époque est peut-être « ignoble », puisque nous
n'avons plus d'idées simples et pures.

Exercices de compréhension

A Trouvez dans le discours du chœur tous les noms abstraits que vous
pouvez. Dressez une liste de ces noms et essayez d'expliquer ce qu'ils
veulent dire.

Exemple : la tragédie : genre d'œuvre où un malheur arrive au héros

B **Expliquez autrement en français :**

1 minutieux
2 la foule
3 reposant
4 ces lueurs d'espoir
5 en somme

C **Relevez tous les anachronismes que vous pouvez dans ce discours.**

Exemple : bien huilé. Cela fait référence aux machines, qui ne devaient pas exister à l'époque ancienne.

ANTIGONE ET LES GARDES

Vocabulaire de base

les putains les prostituées

les menottes les fers fixés au poignet

on a quartier libre nous ne travaillons pas

les moutards qui veulent pisser les enfants qui veulent aller aux toilettes (*familier*)

il a eu le mois double il a reçu le salaire double

on se les cale comme il faut nous nous amuserons bien ; nous nous éclaterons

chez la Tordue … au Palais arabe aux bars / bordels du coin

ce que t'étais saoul tu étais bien ivre

si ça se trouve si cela arrive (c'est à dire, si nous trouvons le coupable, celui qui a essayé d'enterrer le cadavre, et que nous sommes récompensés)

avec l'odeur qui montait puisqu'il faisait chaud, le cadavre a dû sentir mauvais (rappelons que Créon avait dit « il faut que tout Thèbes pue le cadavre de Polynice... »)

j'avais beau écarquiller les yeux j'ai ouvert grands les yeux, mais en vain

pour passer ça pour m'arranger

passer la relève changer de garde

la chique tabac

Résumé

Plusieurs gardes poussent Antigone sur scène. Ils l'ont découverte lorsqu'elle était en train d'essayer de couvrir le corps (une deuxième fois). Les gardes discutent comment ils vont célébrer ; Créon survient et demande ce qui se passe. Les gardes disent qu'ils ont vu Antigone à midi qui grattait la terre avec la petite pelle, et qu'ils l'ont amenée tout de suite ici. Créon les renvoie.

Commentaire

1 Les gardes et Antigone

Encore une fois, Anouilh s'amuse à présenter des soldats stupides et grossiers. Le premier garde « a repris son aplomb » et se vante de ses exploits ; l'ironie de son « moi je suis poli » est évidente. Toutes leurs grossièretés ne font que souligner le calme d'Antigone qui regarde ses mains « avec un petit sourire » et montre sa fierté en rappelant son nom. Les gardes parlent de femmes, de boissons et de « chique » ; Antigone reste silencieuse et demande tout simplement de s'asseoir.

Après l'arrivée de Créon, les gardes cherchent à se justifier, et évoquent les détails désagréables de l'histoire – l'odeur, la chaleur, la tension. Créon est calme ; son calme auprès d'Antigone souligne le suspens : il décharge sa colère sur les gardes.

29

Exercices de compréhension

A **Dites si les constatations suivantes sont vraies ou fausses, ou s'il est impossible de le savoir. Expliquez bien vos réponses.**

1 Les gardes se moquent d'Antigone.
2 Ils parlent de leurs jours de congé.
3 Ils comptent recevoir une récompense.
4 Antigone ne répond pas aux questions que Créon lui pose.
5 Antigone a peur de Créon.

B **Trouvez les mots/expressions dans le texte qui sont les contraires des mots/expressions suivantes :**

1 retenir
2 propres
3 vider
4 une amende
5 sobre

C **Trouvez des exemples de la grossièreté des gardes.**

Les gardes sortent, laissant Antigone et Créon face à face.

CRÉON ET ANTIGONE

Vocabulaire de base

l'orgueil d'Œdipe la fierté qui appartient à la famille royale

gêner aux entournures faire sentir mal à l'aise

un breuvage boisson

goulûment avidement

se crever ... Œdipe s'était arraché les yeux et était parti mendier, après avoir reconnu son crime d'inceste

il n'y a pas longtemps encore ... Créon semble vouloir dire que dans une époque plus traditionnelle, on n'aurait pas supporté que les enfants se comporte de cette façon.

foudroyer frapper dur

bâcler se presser de faire quelque chose, sans s'inquiéter de la qualité

ce bredouillage ces mots murmurés

sa dépouille son cadavre

les tenailles instrument de torture

bafoué ridiculisé, méprisé

cette ombre éplorée ce fantôme que l'on pleure

qui mènent la barque qui conduisent le bâteau

on tire dans le tas on tire au hasard dans la foule. Cette image, comme celle du bateau, renforce l'idée d'un Créon qui a dû s'habituer à la vie militaire et qui en a une idée réaliste.

empoigner saisir

goguenard se moquant, riant

à toute volée avec toute la force possible

l'armée argyenne Polynice s'était enfui de Thèbes et s'était réfugié chez les Argyens, qui étaient venus plus tard avec lui attaquer Thèbes.

avec la tête de circonstance avec des expressions convenables

deux larrons en foire deux voyous, deux voleurs

en bouillie totalement écrasé(s)

passer sur lui avec leur usure le dégrader, le ronger

cette lutte de chiffonniers cette bagarre vulgaire

Créon et Antigone

Résumé

La scène entre Antigone et Créon est le centre de l'histoire et de la tragédie. Elle représente presque le tiers de la pièce, et, comme un long débat, se développe en plusieurs étapes. D'abord, Créon raisonne avec Antigone, puis il se met en colère, ensuite il explique son rôle, et nous voyons le contraste entre les deux. La vraie histoire qui a donné lieu à ce moment est révélée et Antigone doit défendre ce qu'elle a fait contre Créon. Il suppose d'abord qu'il peut la convaincre de renoncer à son acte de révolte, en évoquant l'ombre de son père fou. Mais elle reste implacable. Dans une deuxième étape il lui explique les conséquences de ses actions ; il continue par raconter les difficultés qu'il a dû affronter. Finalement il expliquera la vérité dure de la situation.

1 Créon raisonne avec Antigone : « Avais-tu parlé de ton projet à quelqu'un ? »

D'abord, Créon essaye de faire taire Antigone et de voir l'incident comme une erreur. Il lui demande pourquoi elle l'a fait, explique que Polynice était un révolté et un traître, et que tout le monde devait respecter son ordre - que son corps ne soit pas enterré. Antigone est implacable, et Créon l'accuse d'orgueil. Elle voulait sans doute être martyrisée, jouer l'héroïne tragique, comme son père. Elle exagère ; c'est stupide, dit-il. Les temps « héroïques » sont passés ; arrive le temps du réalisme. En plus, elle est toute petite, elle ne ressemble pas à un héros. C'est un adulte qui parle à un enfant qui ne répond pas ; elle commence à s'en aller, et il croit momentanément qu'il l'a convaincue. Mais elle va recommencer...

2 Explication de l'absurdité du geste : « Quel jeu joues-tu ? »

Ils sont maintenant « l'un en face de l'autre ». Créon réalise qu'Antigone va recommencer ; il lui explique quelles seront les conséquences de ses actions : elle ne pourra rien faire toute seule, il devra la faire tuer. D'ailleurs, dit-il, personne ne croit vraiment aux rites qu'elle veut apparemment suivre ; il est donc absurde d'insister sur un enterrement selon les formules qui n'ont aucune importance ; elle n'y gagne rien.

Elle l'admet. Il veut la sauver, dit-il, il doit la sauver. Comme le roi, il a le devoir de la sauver, mais aussi le devoir de maintenir l'ordre. Il ne peut pas accepter les « martyres » ; il va donc la combattre. Par contre, il avoue que ce rôle est « le mauvais rôle ». Qu'est-ce qu'il veut dire ? Cette constatation peut être entendue sur deux niveaux : la tâche de gouverner entraîne des difficultés, des décisions désagréables. C'est donc un rôle déplaisant. Mais dans le domaine du théâtre, le rôle de Créon est peu sympathique, méchant même. Elle a le rôle héroïque. Créon le roi – et Créon l'acteur – va quand même jouer ce rôle du mieux qu'il puisse. Il la serre, lui faisant mal ; il a beaucoup à faire, mais il lui est important de la « sauver ». Il explique pourquoi...

3 Créon l'homme politique : « Au lendemain d'une révolution ratée... »

Le long discours de Créon développe l'idée du « mauvais rôle » qu'il a à jouer. Il ne voulait pas être roi, dit-il. Il est « délicat » ; il n'aime pas la violence. Pourtant il a dû accepter le rôle, car il n'y avait que lui. Il a d'ailleurs compris que dans cette situation, pour maintenir le pouvoir, il fallait être dur, il fallait montrer sa force, il fallait donc interdire aux citoyens d'enterrer Polynice le « révolutionnaire ». Antigone remarque qu'il a peur : il ne veut pas vraiment être tyran ; il agit donc contre ses propres désirs – « et c'est cela, être roi ? » « Oui, » répond-t-il, « c'est cela, être roi. » Il aurait été « facile » de refuser. Il reconnaît qu'il a peur d'être obligé de faire tuer Antigone. Il demande même qu'elle ait pitié de lui. Mais il a reconnu aussi que le pays a besoin d'être gouverné – comme un navire qui a besoin d'être mené - et que quelqu'un doit avoir le courage d'accepter cette tâche. Oui, il avait imaginé être face à face avec un assassin, mais pas avec elle ...

4 La vraie histoire d'Etéocle et Polynice : « Écoute-moi tout de même pour la dernière fois »

Créon semble accepter qu'il ne va pas convaincre Antigone. Mais il veut lui dire « la vérité » sur ses frères avant de la faire tuer. Il lui parle de ces deux jeunes hommes, Polynice et Etéocle. Antigone se rappelle de deux jeunes hommes élégants, à la mode, beaux. Créon lui rappelle qu'ils se disputaient avec leur père aussi, faisaient pleurer leur mère, se rebellaient même contre leurs parents. Antigone se rappelle du jeune Polynice qui lui avait donné « une fleur de cotillon » une nuit quand elle était toute jeune ; Créon se rappelle de lui et de son frère Etéocle : deux jeunes brutes, deux « imbéciles », deux voyous qui dépensaient trop d'argent, sortaient aux bars, se rebellaient contre l'autorité.

Ils se sont même tués dans leur rebellion. Créon avait honoré Etéocle, oui, mais en fait, Etéocle n'était pas plus vertueux que Polynice. Tout simplement, des raisons politiques ont voulu que l'un d'eux soit honoré, l'autre condamné. Et, après la bataille dans laquelle tous les deux sont morts, il était impossible de reconnaître l'un ou l'autre : Créon ne sait donc même pas si le cadavre pourrissant est l'un ou l'autre. Antigone reste stupéfaite ; « comme une somnambule » elle se lève pour regagner sa chambre. Il semble que Créon l'a convaincue.

5 Le tournant : « Rien d'autre ne compte. Et tu allais le gaspiller ! »

Pas content de l'avoir convaincue, Créon continue : il la comprend, dit-il, à son âge il aurait agi comme elle. Il aurait fait la même chose à sa place. Il comprend sa recherche d'un idéal. Mais la vie n'est pas comme cela : dans la vie « réelle » les idées ne sont pas importantes. Ce qui compte dans la vie, c'est plutôt la paix, les compromis, un état de bonheur, un équilibre

avec les autres. Ce bonheur qui vient avec l'âge, avec l'expérience. C'est
« un pauvre mot », car le bonheur n'est pas pur comme les idées. En fait, ce
mot agace Antigone : en fait, elle ne veut pas « le bonheur » : la modestie,
les compromis, la vieillesse. Le bonheur veut dire accepter de vivre avec les
autres, accepter de transiger avec les idées, tourner le dos aux principes de
la jeunesse. Il faut être modeste pour être heureux. Antigone ne veut pas
être « petite » comme Créon, crie-t-elle. Il essaie de la faire taire, il se met
encore une fois en colère, il reconnaît qu'il est sur le point de la perdre
encore une fois. Il lui dit qu'on l'entendra. Mais c'est ce qu'elle veut.

Commentaire

Étape 1

La première étape dans cette scène se joue entre une Antigone têtue, fidèle
à sa famille et un Créon réaliste qui parle comme un adulte, un parent. Elle
prétend qu'elle avait agi par piété fraternelle (« je le devais »), parle d'une
façon très simple, très courte. Créon est réaliste, modeste, et méprise
l'orgueil, les « histoires », les drames d'Œdipe et d'Antigone. Il représente la
réalité modeste, et ce qu'il dit diminue l'héroïsme d'Antigone. Il souligne sa
jeunesse, sa gaucherie (« Tu es trop maigre... ») ; il la patronise (« je t'aime
bien tout de même avec ton sale caractère »). C'est l'humanisme réaliste de
Créon contre l'héroïsme tragique qui, en fait, semble absurde : Antigone
veut jouer sur le plan tragique, noble ; Créon parle d'une façon réaliste.
Créon est d'un côté persuasif, mais de l'autre maladroit, car ses mots
paternels vont irriter la jeune fille. Pourquoi Antigone a-t-elle fait le geste ?
Elle voulait remplir les obligations traditionnelles, dit-elle. Mais ce n'est pas
la vraie raison.

Étape 2

Dans cette deuxième étape, Créon parle de *l'absurdité* du comportement
d'Antigone (voir page 8). Maintenant, Antigone parle d'une façon sûre,
posée, avec des paroles courtes ; c'est Créon qui déclame, qui commence à
perdre son sang-froid. Ses discours soulignent la bêtise de ce qui se passe ;
Antigone accepte tout cela. Mais les raisons pour son refus de céder
deviennent plus claires : ce sont des raisons personnelles, des raisons
égoïstes. Elle est soudain devenue une « petite furie », une « petite peste ».
Le thème d'un « rôle à jouer » est important ici. Antigone dit souvent « il
faut... » ou bien « vous pouvez seulement... » ; Créon parle du « mauvais
rôle » qu'il a à jouer. Il n'est ni brutal ni fier : il est plutôt désespéré.
Antigone souligne ce thème du destin théâtral : elle ne veut pas que Créon
pense à son rôle (est-ce qu'elle pense qu'il changerait peut-être d'avis ?) ;
elle veut tout simplement qu'il fasse ce qu'il a à faire. Mais ce qui est plus
frappant, c'est le raisonnement d'Antigone. Elle accepte qu'il n'y a pas de

logique dans ses actions. Elle ne prétend même pas qu'elle a agi pour son frère. Elle l'a fait « pour personne. Pour moi. » Elle devient une héroïne tragique grâce à sa propre imagination. Elle renonce aux autres ; sa détermination a ses racines en elle-même. C'est pour elle-même, pour sauvegarder la pureté de ses désirs à elle, de ses propres principes, qu'elle a essayé d'enterrer Polynice. Anouilh a donc adapté les motivations de l'Antigone mythique. Ce qui a poussé l'Antigone d'Anouilh à se rebeller contre Créon, c'est la question de l'enterrement. Mais cela aurait pu être n'importe quoi. Antigone est la seule raison pour son propre comportement.

Étape 3

Créon apparaît ici plus que jamais en homme politique pragmatique, qui veut survivre, qui veut sauver son pays. Même la description d'Anouilh (« il enlève sa veste ... en bras de chemise ») l'indique. Il reconnaît la nécessité politique ; ses actions le démontrent. Il y a ici une certaine noblesse, un certain honneur (il serait « comme un ouvrier qui refusait un ouvrage » s'il renonçait à gouverner ; il a accepté de gouverner contre ses propres désirs). Ce n'est pas un tyran naturel (« j'ai peur ») ; il montre volontiers sa faiblesse. Avant tout, il est fier de sa conception de l'honneur, et il méprise l'égoïsme d'Antigone : « ce serait trop lâche ».

Le contraste qui se développe maintenant, c'est entre un homme d'honneur et une fille qui semble gâtée, égoïste, méprisante. Elle se moque de ce qu'il a dit (« Tant pis pour vous. Moi... »), elle est maintenant l'*orgueilleuse* dont il avait parlé. Elle devient même jubilante et se complaît dans sa « victoire ».

Le thème de « dire oui/dire non » apparaît plusieurs fois dans l'œuvre d'Anouilh ; voir page 11.

Étape 4

Créon a déjà fait appel sans succès à la raison et à l'humanité d'Antigone ; il fait appel maintenant à sa fierté : elle se trompait dans ses souvenirs de ses frères, et son obsession avec leur honneur la rend aveugle. C'est la dernière carte qu'il a à jouer, et il la joue avec beaucoup de finesse. Le ton a changé : c'est maintenant sombre, lent et doux. Voici un thème que Créon sait qu'il connaît mieux qu'Antigone : c'est lui maintenant qui domine. Il rappelle des anecdotes, de petites histoires qui montrent la lâcheté, la bêtise et la méchanceté des deux frères. Antigone parle très peu : elle a perdu l'initiative.

Étape 5

La tension dramatique a diminué : Antigone est vaincue et va rentrer dans sa chambre, renoncer à sa détermination d'enterrer son frère – et d'aller à l'encontre de l'autorité de son oncle. Cependant, Créon ne peut pas s'empêcher de rajouter un discours paternel. Au milieu des clichés et des banalités (« la vie … est une eau que les jeunes gens laissent couler »), des maximes patronisants (« Rien n'est vrai que ce qu'on ne dit pas ») et des certitudes (« c'est pour cela que je buvais tes paroles »), il y a un mot qui grince : *le bonheur.*

A ce moment-là, Créon sait qu'il a fait une erreur, qu'il a mal jugé la situation : il « a un peu honte ». En fait, il a raison : pour Antigone, c'est un « pauvre mot », car « le bonheur » représente les petites gens, la vieillesse, les compromis. Polynice et l'enterrement n'ont été qu'un prétexte. Elle veut refuser la vie, parce qu'accepter la vie « normale » veut dire transiger avec les idéaux, la pureté. Elle s'exalte : elle ne peut pas perdre, parce que la vie ne lui est pas importante.

Exercices de compréhension

Sur étape 1

A Expliquez les deux situations hypothétiques qu'Antigone décrit.

B Complétez ces phrases pour bien souligner le contraste entre Antigone et Créon :

1 Créon dit que Polynice était un traître, mais Antigone …
2 Créon pense qu'Antigone comptait sur sa clémence, mais elle …
3 La famille d'Œdipe était « héroïque », mais Créon …
4 Antigone semble croire qu'être prince est une aventure, mais Créon …
5 Antigone prend Créon pour une brute, mais il …

C Trouvez dans le texte des équivalents aux expressions / mots suivants :

1 à toujours
2 la fierté
3 demander de l'argent
4 amusant
5 sale

Sur étape 2

A Dites si les phrases suivantes sont vraies ou fausses. Corrigez celles qui sont fausses.

1 Antigone pourra seulement se faire prendre et tuer.
2 Elle croit à l'enterrement selon les rites.
3 Elle agit pour autrui.
4 Créon s'attendrit sur Antigone.
5 Il la fera torturer.

6 Il est plus fort qu'elle.
7 Créon fait mal à Antigone.
8 Il va essayer de la sauver.
9 Il trouve la situation amusante.
10 À la fin de cette section, il va parler formellement.

B Trouvez dans le texte les mots/expressions qui sont les équivalents des mots/expressions suivantes :

1 être arrêté(e)
2 marcher sans but
3 parlant le plus rapidement possible
4 crier
5 ridicule, ne valant rien
6 son cadavre
7 un animal que l'on chasse
8 pour toujours
9 tu essaies de me rendre fâché
10 sérieux

Sur étape 3

A Recherchez les mots/expressions utilisés pour décrire :

1 Polynice
2 le roi de Thèbes
3 Antigone
4 Créon
5 le royaume de Thèbes

B Expliquez en français le sens des expressions suivantes :

1 une révolution ratée
2 votre attirail
3 les bleus que tes gardes m'ont faits
4 on gueule un ordre
5 à bout de forces

Sur étape 4

A Répondez aux questions :

1 Qu'est-ce que Polynice avait donné à Antigone, et quand ?
2 Pourquoi Polynice avait-il frappé son père ?
3 Pourquoi Créon n'a-t-il pas pu identifier les corps d'Etéocle et Polynice ?
4 Quelle est son attitude envers cela ?
5 Quel est le dernier conseil de Créon ?

B Relevez tous les anachronismes que vous pouvez dans la description des deux frères.

Sur étape 5

A Commentez l'importance des mots/expressions suivants :

1 la vie, ce n'est peut-être tout de même que le bonheur
2 on dirait des chiens qui lèchent tout ce qu'ils trouvent
3 cette lutte de chiffonniers
4 vous avez des têtes de cuisiniers
5 tu veux donc te perdre ?

B Décrivez l'action physique de cette étape : que font-ils, Antigone et Créon ?

C Créon se montre très cynique ici. Donnez des exemples de son cynisme.

Questions sur l'ensemble de la scène

1 Mettez-vous à la place de Créon. Dites en 70-80 mots pourquoi vous voulez sauver Antigone.
2 Mettez-vous à la place d'Antigone. Dites en 60-70 mots pourquoi vous voulez enterrer votre frère.

37

Ismène entre en courant, offrant de venir avec Antigone enterrer leur frère : Antigone ne veut pas partager son sort avec une autre ; les gardes l'emmènent.

CRÉON, HÉMON, LE CHŒUR

Résumé

Le chœur entre soudain dans l'action, demandant à Créon de faire quelque chose, d'empêcher la mort d'Antigone avant qu'il ne soit trop tard. Hémon se précipite sur la scène, angoissé. La foule entoure le palais ... pourquoi pas dire qu'Antigone est folle, l'emprisonner ; faut-il vraiment la faire tuer ? Créon essaie d'expliquer à Hémon qu'il faudra accepter la loi qui a été faite, accepter cette décision : il ne veut pas, et se tourne contre son père avec dégoût. À la fin de cette scène, Hémon court rejoindre Antigone.

Commentaire

Créon souligne aux spectateurs ce que nous avons déjà remarqué : que Polynice « n'était qu'un prétexte » – il semble déjà commenter la pièce. Il est de plus en plus solitaire : Hémon parle de « votre vie ». Hémon est le jeune impétueux que nous connaissons déjà, mais on remarque à quel point Anouilh se met maintenant du côté d'Antigone : tout le monde semble soudain la soutenir. Mais Hémon est plus faible qu'Antigone. Il agit d'une façon dramatique – il crie, s'arrache aux bras de Créon, tente de fuir. Tout ce qu'il dit, ou presque tout, ce sont des exclamations, des questions, des cris. En plus, il parle comme un jeune homme qui découvre soudain que la grandeur imaginée de son père est finie. Il parle de ses souvenirs de la « grande force ... qui m'enlevait ... cette odeur », en se rappelant du passé, comme n'importe quel jeune homme. Et il en parle sans gêne, avec beaucoup d'émotion, ce qui nous montre très clairement que le rapport entre Créon et Hémon était – est – très fort, mais qu'il est en train de changer. Hémon est donc ici « comme un enfant », et court après Antigone comme s'il a besoin d'elle. Elle peut agir toute seule ; lui ne peut pas.

    Créon parle « humblement » et doucement. Il a accepté son rôle et le joue modestement.

Exercices de compréhension

A Complétez ces phrases pour faire un résumé de la scène.

1 Créon dit à Hémon qu'Antigone ...
2 Créon sait qu'il est obligé ...
3 Créon ne peut pas ...
4 Créon ne veut pas qu'Hémon ...
5 Créon veut qu'Hémon comprenne que ...

B Traduisez en anglais les expressions suivantes :

1 nous allons tous porter cette plaie au côté
2 lâche-moi
3 elle hurle autour du palais
4 votre bavardage
5 quand tu auras franchi le seuil

> *Antigone demande à Créon d'être laissée seule.*

ANTIGONE ET LE GARDE

Résumé

Antigone parle avec le garde qui la surveille, tout seul. Il parle sans cesse de la distinction entre les grades dans l'armée. Antigone lui demande de « remettre une lettre à quelqu'un » ; il l'écrit selon sa dictée. C'est une lettre à Hémon, demandant pardon. Les autres gardes arrivent et ils emmènent Antigone.

Commentaire

Encore une fois, – et comme chez Shakespeare – Anouilh arrête la tragédie un instant pour montrer aux spectateurs le côté humain, grotesque, comique de tout ceci. Comme avant, c'est le garde qui est la cible de la comédie. Il est, comme avant, obsédé par les grades et par les institutions de l'armée. Lorsqu'il en vient à la dictée de la lettre, les répétitions et le manque de compréhension du garde sont grotesques, comiques, mais d'un comique noir.

Après sa « victoire », Antigone est redevenue petite fille vulnérable. Anouilh utilise les mots de Sophocle, lorsqu'elle crie soudain « O tombeau ! O lit nuptial !... », comme pour nous rappeler la tragédie éternelle. Il insiste sur le fait qu'elle est « toute petite ... elle s'entoure de ses bras ». Elle frissonne ; elle a peur.

La lettre d'Antigone révèle beaucoup plus. Elle ne sait plus pourquoi elle meurt ; Créon « avait raison ». Elle a, bien sûr, peur en ce moment. Mais, comme un enfant, elle a fait aussi quelque chose de monumental, quelque chose qui est plus grand qu'elle et qu'elle ne comprend pas elle-même. Elle veut le nier (« raye tout cela. Il vaut mieux que jamais personne ne sache. C'est comme s'ils devaient me voir nue ») et le cacher. Mais Anouilh nous l'a révélé. Le côté héroïque est bien là, mais le côté humain de cette jeune fille n'en est pas moins là aussi.

Exercices de compréhension

Relevez toutes les expressions/mots dans cette scène qui montrent la vulnérabilité d'Antigone.

LE MESSAGER ET
LA FIN DE LA PIÈCE

Vocabulaire de base

enfoui enveloppé

supplier prier

la lame le côté tranchant du couteau

(les) tricots les pullovers

aux petits napperons brodés et aux cadres de peluche... Anouilh évoque ici une chambre de femme stéréotypée bourgeoise, assez riche, mais de mauvais goût

la journée a été rude le jour a été difficile

il te tarde d'être grand tu es impatient d'être adulte

c'est pas leurs oignons ce n'est pas leur affaire

Résumé

Le messager vient annoncer « une terrible nouvelle ». Les gardes ont jeté Antigone dans son trou, mais on a entendu une autre voix : c'est Hémon, qui s'est jeté dans le trou après elle. Créon a essayé de le sauver, mais il s'est coupé la gorge. Antigone s'était déjà pendue. Pire encore, la femme de Créon, Eurydice, s'est tuée aussi. Créon est tout seul. Il va lentement au Conseil, pour continuer à gouverner. Les gardes, tranquilles, continuent à jouer aux cartes.

Commentaire

L'arrivée d'un messager pour annoncer la nouvelle tragique est typique d'une pièce ancienne, et Anouilh rappelle encore une fois, en l'employant, les racines de son histoire. La violence ne devait pas, à l'époque ancienne, être montrée sur la scène. Cette pièce, elle aussi, est plutôt une pièce d'idées que d'actions.

Il y a plusieurs éléments surprenants. Dans la pièce de Sophocle, la femme de Créon n'est pas morte : ici elle se suicide. Le ton de cette fin est sombre : Créon maintient son courage calme ; il regrette l'innocence de la jeunesse, mais il doit continuer. « C'est une sale besogne, mais si on ne la fait pas, qui la fera ? ». Le thème de la jeunesse idéale, la jeunesse pure et heureuse, à côté du monde des adultes désillusionné et triste, est souligné par le page, qui veut à tort grandir. Le commentaire du chœur est macabre : « les pauvres ... auront froid cet hiver ». Mais c'est ces « petits gens », qui n'ont rien gagné ni perdu ni appris, qui restent à la fin sur la scène.

Exercices de compréhension

A Répondez aux questions suivantes :

1 Pourquoi est-ce que « chacun se tait »?
2 Qu'est-ce que Créon avait «deviné »?
3 Pourquoi est-ce que ses mains saignaient ?
4 Comment Antigone est-elle morte ?
5 Et Hémon ?
6 Décrivez la mort d'Eurydice.
7 Pourquoi, à votre avis, est-ce que Créon dit qu « il faudrait ne jamais devenir grand »?

B Trouvez dans le texte des mots/expressions qui veulent dire :

1 des gémissements, des cris
2 (il) a sauté pour l'éviter
3 gentiment
4 normalement
5 devant la tâche
6 un travail affreux
7 son devoir est accompli
8 une paix immense
9 un jeu
10 gagnent la partie

SUJETS DE DISCUSSION ET DE RÉDACTION

Les grands thèmes de l'œuvre : questions à considérer

1 L'individu dans la société
   a) Est-ce qu'il faut transiger avec les idéaux pour accepter les règles de la société ?
   b) Le bonheur, est-il nécessairement « laid » ?
   c) Est-ce qu'on peut rester idéaliste, si on gouverne ?

2 L'amour et le monde des adultes
   a) Est-ce que l'amour doit être jeune pour être pur ?
   b) L'amour, est-il fatal ?
   c) Est-ce que l'amour est une raison pour le comportement d'Antigone ?

3 Le destin
   a) Est-ce que tout le monde a son rôle à jouer ?
   b) Devons-nous accepter ce rôle, sans résister ?
   c) Est-ce que notre destin est imposé par des forces extérieures ?

4 Le rôle du mythe
   a) Est-ce que cette histoire est éternelle ?
   b) Le rôle des anachronismes
   c) Est-ce qu'il y a des parallèles à reconnaître entre le mythe d'Antigone et le vingtième siècle ?

5 Les parallèles avec l'Occupation
   a) L'image de l'autorité
   b) L'image de la résistance
   c) l'image de la guerre

Conclusion et travaux de synthèse

Anouilh lui-même a dit qu' « *Antigone* n'est pas une tragédie ... mais un drame psychologique en marge d'une tragédie ». Antigone elle-même est avant tout une fille, et pas une héroïne grandiose, mais elle reste un personnage vraisemblable, et ce qu'elle dit, ce qu'elle fait et ce qu'elle représente, quoique énervant, enfantin et même égoïste, nous touche tous. La construction de cette courte pièce et ses qualités dramatiques ont été presque universellement louées (la scène entre Antigone et Créon est une des plus célèbres du théâtre français). Anouilh était avant tout un maître du théâtre, et *Antigone* est un de ses chefs d'œuvre.

Vous pouvez considérer les questions suivantes :

1 Comparez les personnages d'Antigone et Créon.
2 Est-ce que le message de la pièce est un message révolutionnaire ?
3 Est-ce que les anachronismes et la comédie diminuent le sérieux du message ?
4 « Dans *Antigone*, le sentiment l'emporte sur la raison. » Êtes-vous d'accord avec ce jugement ?
5 Est-ce qu'*Antigone* est une œuvre pessimiste ?
6 « Ce qu'Antigone appelle pureté, c'est tout simplement une nostalgie de l'enfance ». Êtes-vous d'accord avec ce jugement ?
7 « La conclusion d'Antigone est une conclusion entièrement négative.» Êtes-vous d'accord ?

Vous trouverez ci-dessous des plans pour aider votre réponse aux questions 1, 2, 5 et 6.

Questions sur le théâtre en général à considérer en examinant Antigone

1 Est-ce que le théâtre devrait représenter la réalité, ou bien l'éviter ?
2 Qu'est-ce qui rend une pièce de théâtre puissante ?
3 Quelle importance a-t-il le cadre d'une pièce de théâtre ?
4 Quelle scène d'*Antigone* trouvez-vous la plus puissante ? Pourquoi ?
5 Commentez le dialogue de la pièce.
6 Examinez les techniques théâtrales que l'écrivain a utilisées. Est-ce-que vous les trouvez réussies ?

Vous trouverez ci-dessous des plans pour aider votre réponse aux questions 1, 3, 5 et 6.

PLANS DE RÉDACTION

Plans de rédaction (questions sur le texte)

Ces plans donnent quelques idées que vous allez développer. N'oubliez surtout pas de donner des exemples précis (citations etc.) pris dans le texte lui-même.

1 Comparez les personnages d'Antigone et Créon.

Antigone :

- jeune, fougueuse, animée (vous discuterez son amour de la nature, ses rapports avec la nourrice et avec Hémon, y compris le moment où il était tombé amoureux d'elle ...)
- déterminée, opiniâtre, même bête (sa détermination d'enterrer le cadavre, sa confrontation avec Créon, son refus de transiger ...)
- sa fidélité (aveugle ?) envers ses frères (est-ce qu'ils la méritaient ?)
- agit selon sa volonté

Créon (par contre) :

- s'approche de la fin de sa vie, vivant en retraite, pour ainsi dire (vous examinerez la description de Créon au début)
- modeste, ne veut pas gouverner, est fatigué par la vie (vous examinerez ses rapports avec sa femme, son page, son fils ...)
- intelligent, raisonnable (examinez ce qu'il dit au sujet de son rôle)
- il agit contre sa volonté

Ils partagent ...

- une certaine détermination
- une connaissance et une inquiétude profonde pour le *rôle* qu'ils jouent
- une vision du *destin* qu'ils partagent

2 Est-ce que le message de la pièce est un message révolutionnaire ?

- une révolution vient de se passer à Thèbes (une « révolution ratée » selon Créon) qui a laissé « du pain sur la planche ». (Vous examinerez la présentation de cette « révolution » dans la pièce.)
- la révolution/révolte des deux frères était sanglante, violente, futile ... les frères étaient des vauriens qui se battaient pour le pouvoir pur et simple, plutôt que pour des idées ...
- est-ce que le compromis (représenté par le personnage de Créon) est plus positif ?
- mais Antigone représente peut-être le refus de transiger, la révolte contre les hommes politiques, les pragmatistes, les matérialistes ...
- Antigone, est-elle une vraie révolutionnaire, ou tout simplement une

jeune fille gâtée et égoïste (cette question est au cœur de votre rédaction) ?

5 Est-ce qu'Antigone est une œuvre pessimiste ?

- la conclusion de la pièce semble pessimiste (vous examinerez cette fin : Antigone se suicide, Hémon et Eurydice aussi, Créon n'a pas réussi à sauver Antigone ... il doit continuer sa « sale besogne » et tout de suite ...)
- mais il accepte de continuer, et il continue (comme la vie ...) ; Ismène aussi ...
- de plus, les gens ordinaires continuent, comme si rien ne s'était passé
- « un grand apaisement triste » (que comprenez-vous par cette phrase ?)
- la tragédie – inévitable – est jouée et finie. Trouvez-vous que la jeune héroïne ait échoué ou réussi ?

6 « Ce qu'Antigone appelle pureté, c'est tout simplement une nostalgie de l'enfance. » Êtes-vous d'accord avec ce jugement ?

Pureté

- elle veut rester pure « ou mourir » : la vie représente pour elle la saleté
- sa fidélité envers sa famille (son père, ses frères – vous allez examiner son attitude envers son père et celle envers ses frères) et envers les traditions (examinez son attitude envers la tradition – est-ce qu'elle y croit vraiment ?)
- sa fidélité à elle-même (« Pour personne. Pour moi. »)
- son refus de se marier, de vieillir (la jeunesse, représente-t-elle la pureté ?)
- son attitude envers le matin (examiner la façon dont elle décrit l'aube et le petit matin, comme s'il représente quelque chose de pur)

Nostalgie

- ce qu'elle dit au sujet du passé à la nourrice (son chien, son enfance)
- image nostalgique (et trompeuse ?) de ses frères et de son père (« c'étaient des grands ... »)
- refus de faire face au présent et au futur ?

45

Plans de rédaction (questions sur le théâtre en général)

1 Est-ce que le théâtre devrait représenter la réalité, ou bien l'éviter ?

Éviter la réalité ?

- cette pièce est un mythe, au sujet du destin des rois et des princesses, dans un pays lointain
- les idéaux sont également hors du commun : la mort, l'amour, la révolution, la jeunesse, la pureté
- il est souligné plusieurs fois dans la pièce que c'est seulement une histoire, du théâtre (vous trouverez des exemples de cette image et en examinerez l'importance – qu'est-ce que l'auteur veut dire ?)

Représenter la réalité ?

- le mythe est rendu « moderne » (anachronismes, langage ...)
- les thèmes sont en effet hors du temps
- la fin de la pièce (et même la question centrale) est très moderne (le thème du gouvernement, de la vie quotidienne ...)
- les techniques de la « distanciation » (c'est-à-dire de nous rappeler que c'est une pièce, que ce sont des acteurs - ceci surtout au début) veulent dire que notre réalité et celle de l'histoire sont mélangées (vous discuterez cette idée avec d'autres qui auront lu la pièce, et peut-être d'autres pièces françaises ou anglaises)

3 Quelle importance a-t-il le cadre d'une pièce de théâtre ?

- le décor « neutre » – donc pas du tout important ? (Examinez le début et les descriptions de l'auteur partout dans la pièce)
- le cadre – c'est le mythe, l'histoire (voir ci-dessus)
- un cadre hors du temps ?
- un cadre qui rappelle notre époque ? (comment ? Est-ce que c'est le but de l'auteur ?)
- les anachronismes mettent peut-être en doute la réalité du cadre

5 Discutez le dialogue de la pièce.

46

Vous discuterez, en les examinant de très près :

- les divers registres : la poésie, lorsqu'Antigone parle de l'aube etc. ; les grossièretés des gardes etc. ; le débat politique ; le langage de l'enfance (la nourrice) ; celui du mythe (trouvez les « citations » du mythe d'Antigone)
- le chœur et son rôle et l'utilisation des soliloques
- le vocabulaire (moderne, mythique, élevé ou non ...)
- la confrontation entre Antigone et Créon (utilisation des exclamations, questions, etc.)

6 Examinez les techniques théâtrales que l'écrivain a utilisées. Est-ce que vous les trouvez réussies ?

Vous discuterez, en les examinant de très près :

- les anachronismes
- les techniques de « distanciation »
- le rôle du prologue et celui du chœur
- les changements de scène
- le dialogue et la confrontation (voir ci-dessus – notez que la plupart des scènes dans cette pièce se jouent entre deux personnages)

RÉPONSES AUX QUESTIONS

Introduction (voir page 1)

1 Vous devez remarquer que c'est une pièce de théâtre assez courte. S'il y a des photos ou des dessins sur la couverture de votre édition, vous pouvez en discuter. Le titre, de toute façon, implique un personnage central, une femme. Vous allez peut-être remarquer que cette femme est sur la scène pendant la grande majorité de l'action.

2 La composition traditionnelle des pièces de théâtre françaises est en actes et scènes. Une nouvelle scène, dans le théâtre français, commence chaque fois qu'un acteur sort ou entre. Cependant, Anouilh n'obéit pas à cette « règle ». Dans le théâtre classique, même les actes (normalement cinq) devaient représenter plus ou moins la même période de temps que la représentation dans la salle. Cette pièce est, encore une fois, différente. Il y a un seul acte ; l'action est présentée, et commentée, par un chœur. Si vous connaissez des pièces de Shakespeare, vous allez peut-être y rencontrer des similarités.

3 Les personnages n'ont pas des noms français. En fait, les noms des cinq personnages principaux sont des noms grecs, venant de la mythologie grecque. Consultez un dictionnaire de la mythologie pour découvrir les équivalents anglais de ces noms. Il est à noter que plus de la moitié des personnages sont anonymes : nous avons « la nourrice », « les gardes » etc. Anouilh veut peut-être nous faire penser que cette histoire pourrait se passer n'importe quand, et n'importe où. Les personnages sont vagues, importants pour ce qu'ils disent et ce qu'ils représentent, plutôt que pour ce qu'ils sont.

   « Un page », c'est un jeune garçon qui sert un chevalier, ou un roi.

   « Une nourrice », c'est une femme (très souvent âgée) qui garde un enfant. L'origine de ce mot, c'est le fait que les femmes nobles payaient une femme pauvre pour « nourrir », c'est à dire donner du lait, à leurs enfants. Il y a une nourrice, un peu comme celle que nous avons ici, dans « Roméo et Juliette » de Shakespeare.

   « Le chœur » jouait un rôle important dans les tragédies de la Grèce ancienne. C'était lui qui annonçait, interprétait, jugeait les événements.

4 Les premières lignes suggèrent un milieu qui pourrait être n'importe où. Il n'y a pratiquement pas de décor. Le fait que les acteurs « bavardent, tricotent, jouent aux cartes... » suggère une répétition. On pense même que ce n'est pas la réalité, ou du moins que c'est une « réalité » dramatique.

5 La pièce a été écrite pendant la deuxième guerre mondiale ; la première représentation a eu lieu en 1944. La France était sous l'Occupation

allemande. Un certain nombre de pièces de théâtre célèbres et populaires avaient pris pour sujet la mythologie ancienne. Anouilh avait fait la même chose avec sa pièce *Antigone*. Les autres dramaturges importants de l'époque étaient **Jean Giraudoux** et **Jean Cocteau**.

6   L'écrivain Molière, dramaturge du 17e siècle, avait dit que le théâtre devait plaire et instruire. Ceux qui écrivent pour le théâtre ont toujours visé à émouvoir, à faire rire, mais aussi à *faire penser* les gens. Après tout, le théâtre est un milieu beaucoup plus public que le roman ou la poésie. Dans une époque où la nation souffre, c'est souvent au théâtre que l'on va trouver le patriotisme, le nationalisme, les idées.

Le Prologue

A   1   (*a*) ils bavardent, tricotent – il paraît que ce qui se passe leur est égal
　　2   (*b*) elle ne dit rien, elle ne regarde pas les autres, elle est « renfermée »
　　3   (*b*) il aimait les livres, les « longues flâneries chez les antiquaires » ; il a une conscience
　　4   (*b*) il est comme « un ouvrier ». Sa femme ne l'aide pas. Tout ce que nous savons au sujet de Créon, c'est à propos de lui seul.
　　5   (*a*) il devait être « le vaurien, le révolté »

B   1   à une vitesse vertigineuse
　　2   éblouissante
　　3   flâneries
　　4   au seuil
　　5   le vaurien

C   1   Faux. Elles sont tout à fait différentes. Antigone « s'éloigne de plus en plus » d'Ismène. Le Prologue souligne leurs différences.
　　2   Faux. « Tout le portait vers Ismène » - il aurait été naturel qu'il l'aime, mais il a été en réalité attiré vers Antigone.
　　3   Vrai. Il est pâle, solitaire. Il ne bavarde pas, il réfléchit ...
　　4   Faux. Ce « ne sont pas de mauvais bougres ». Ils font ce qu'ils doivent faire, mais ils sont « toujours innocents ».
　　5   Vrai. Etéocle était l'aîné ; il a gouverné pendant la première année du gouvernement partagé, mais il n'a pas voulu céder à Polynice.
　　6   Vrai. Thèbes a gagné contre « les sept grands princes » : ils ont « été défaits devant les sept grandes portes de Thèbes ».
　　7   Faux. « Etéocle n'était pas plus vertueux que Polynice .»
　　8   Vrai. « Que Polynice ... serait laissé sans sépulture .» Le fait de laisser un cadavre sans l'enterrer était extraordinaire.
　　9   Faux. Pendant son discours, les acteurs sont sortis. Ils étaient déjà préoccupés avec leur bavardage, leurs tricots...
　　10 Vrai. C'est « une aube grise ».

D Il y a plusieurs possibilités ; en voici quelques-unes :
après
disputés/entretués/tués/battus
devenu/maintenant/nommé
enterrement/tombeau
Etéocle
Polynice
sur la terre/pourrissant
faire peur
enterrer/ensevelir
mort

Antigone et sa nourrice

A Il y a plusieurs possibilités ; en voici quelques-unes :
choquée/abasourdie/ébahie
levée
magique/merveilleuse
reproches
rencontrait/avait rendez-vous avec
embrasse

B 1 sans qu'il s'en doute/sans qu'elle s'en aperçoive
2 elles sont toutes les mêmes
3 mal peigné(e)
4 imperceptible
5 un peu lasse

C1 *menteuse !* La nourrice souligne ici le fait qu'elle ne croit pas Antigone.
Mauvaise ! À noter qu'Antigone réagit ici pour nier ce surnom.
La fille d'un roi La nourrice rappelle les origines royales d'Antigone.
hypocrite ! Comme « menteuse ».
Fanfaronne ! La nourrice implique qu'Antigone se réjouit de ses malfaits.
Ma petite Ironique ici, mais la nourrice aime réellement Antigone.

C2 Il faut relever ici
■ la rêverie au début lorsqu'elle décrit l'aube
■ « soudain grave »
■ « étrangement, après un silence », où elle pense à son amour (pour qui ?)
■ le « sourire imperceptible » que la nourrice ne pourra pas comprendre
■ la fatigue
■ l'embrasse

49

Antigone et Ismène

A *Réponses possibles*:
1 il n'est pas important si c'est stupide
2 tu t'es engagée
3 fourmillant (plein de …)
4 à la torture, à la souffrance
5 pleurer, fondre en larmes

B 1 Faux. Elle détestait le fait qu'Ismène était belle (« Je te barbouillais… »).
2 Faux. Elle semble accepter qu'elle va mourir. « J'aurais voulu ne pas mourir ».
3 Vrai. Ismène le dit, et il est certain qu'Antigone ne veut pas écouter le raisonnement de sa sœur.
4 Vrai. (« Il fallait comprendre … je ne veux pas… »)
5 Vrai. (« Ils nous prendront … je ne peux pas, je ne peux pas… »)
6 Vrai. (« Qui pleurait … ») – bien qu'elle parle de les « prendre ».
7 Vrai. (« Ah, non ! Laisse-moi ! Ne me caresse pas ») Elle a horreur de la pitié.
8 Vrai. C'est « pour les hommes de croire aux idées ».
9 Vrai. Ismène dit que c'est sur elle « que se retournent les … voyous dans la rue ».
10 Vrai. Elle a les yeux « tout petits de sommeil ».

C 1 parce qu'il est le roi, il gouverne.
2 Ismène parle des « mille bras » de ses soldats, des souffrances qui les attendraient. Elle est sûre qu'il les attraperait si elles essayaient d'enterrer Polynice. Pour ces deux raisons on peut supposer qu'il est puissant.
3 Elle a horreur des gardes. Elle parle de leurs « têtes d'imbéciles … leurs grosses mains lavées » (est-ce que nous devons penser à Pilate ici, et l'hypocrisie ?) Elle les méprise, mais elle a peur d'eux.
4 Il n'est pas important dans cette affaire. Elle n'est pas de nature courageuse, dit-elle. « Mais qu'est-ce que cela fait ? »
5 Elle a honte d'être une fille. Elle nie le fait qu'elle est belle. Elle a des idées. Elle veut agir comme un homme : « Ai-je assez pleuré d'être une fille ».

D *Vous pouvez discuter ces possibilités* :
1 Est-ce que cette phrase est logique ? Un roi, doit-il forcément donner l'exemple ?
2 Antigone n'est-elle pas trop opiniâtre ici, trop sourde aux autres ? Elle semble tout à fait obsédée par l'idée de faire son geste ; rien d'autre ne l'intéresse.
3 Nous avons déjà vu les gardes au début ; Anouilh nous présente des soldats stéréotypés, des brutes sans conscience, sans intelligence. Est-ce qu'il veut souligner ce stéréotype ici ?

4 Le mot « pleurnicher » implique une certaine impatience avec la réaction féminine d'Ismène, c'est comme si un homme reprochait à un petit garçon d'être faible. Cette phrase souligne encore une fois la détermination d'Antigone et son refus de toute pitié.

5 Une phrase sinistre. Dans quel sens Hémon sera-t-il « réglé » ? Et pourquoi ne parle-t-elle plus du personnage : il est devenu « une affaire » !

Antigone, la nourrice et, plus tard, Hémon

A 1 Vrai.

2 Faux. Elle dit que la nourrice va « peut-être » la sauver, et elle n'a plus peur, mais elle ne le croit pas vraiment.

3 Faux. Elle croit que « ça ne devrait pas entrer dans les maisons ».

4 Vrai.

5 Faux. Elle aurait voulu le protéger, si elle avait eu un enfant. Mais elle est sûre de ne pas en avoir un.

6 Impossible à dire. Elle dit qu'elle n'est pas belle, en comparaison avec Ismène, mais il ne répond pas ; il dit qu'il l'aime.

7 Vrai.

8 Vrai.

9 Vrai (« muet de stupeur »)

10 Vrai (« étrangement apaisée »)

51

B *Voici quelques suggestions :*

1 nowhere, nan(ny)

2 my little bird

3 I'm supposed to let it wreck everything and say nothing ?

4 happiness is full of little quarrels

5 (he) rocks her gently

C 1 la réchauffe, la serre, l'embrasse

2 plus peur

3 garder la chienne Douce

4 leur dispute de la veille

5 jamais l'épouser

Créon et le garde

A 1 régulièrement

2 selon les rites

3 je suis resté tout le temps debout

4 il bafouille

5 j'ai un témoin (moi)

B 1 Nous savons qu'il s'agit d'Antigone ici. Elle est rusée : elle a fait juste assez pour obliger Créon à prendre au sérieux l'affaire. Le fait que les gardes ne l'ont pas reconnue ajoute un moment de drame ; mais malgré leur manque d'intelligence, ils savent que c'est un défi : « il » savait ce qu'il faisait.

2 Mes ennemis, que j'ai vaincus, des amis qui commencent à regagner de la force. L'image est très puissante. Créon a déjà peur que cet incident ne soit dangereux – pense-t-il aux « Sept contre Thèbes », aux armées de Polynice ? Ne soupçonne-t-il pas encore sa nièce ? Une certaine paranoïa se fait sentir ici.

3 Un jouet, comme si on est à la plage. La grandeur du geste contraste avec l'outil enfantin et quotidien. On pense peut-être à l'idée de « jouer » – Créon demandera à Antigone « quel jeu joues-tu ? »

4 Deux fois bonne chance. Créon veut dire que le fait d'avoir un enfant contre lui, donne à ses ennemis d'abord une arme efficace, un garçon prêt à risquer la vie, et ensuite l'avantage « moral » de l'innocence. Créon semblerait être un tyran, un mauvais, un diable.

5 Un travail bien agréable. La phrase est ironique. Ce travail consiste à trouver et à punir le coupable.

6 Il réfléchit peut-être à ce qu'il a déjà dit : l'ironie, l'injustice du fait qu'il va paraître « du mauvais côté ». Ou bien peut-être réfléchit-il au fait que son page aurait pu être l'enfant dont il s'agit.

7 Si cet enfant était prêt à mourir pour ses idées, est-ce qu'il inspirerait, lui, autant de fidélité ? Quel rôle le page joue-t-il ici ?

8 Nous pouvons l'entendre respirer d'une façon fatiguée. Il est évident qu'il est épuisé par le rôle qu'il joue, par l'opposition, par le travail désagréable, par le fait qu'il est toujours opposé par les innocents, les bons.

Le chœur

A En voici quelques-uns, que vous pouvez expliquer.
la tragédie
une question
la mort
la trahison
le désespoir
les silences
une image
le drame
l'espoir

B 1 en beaucoup de détail
2 les gens en masse
3 qui aide à se reposer, se détendre
4 ces moments où on a l'impression que tout finira bien
5 bref

C bien huilé
un film dont le son s'est enrayé
ces terre-neuve
les gendarmes
une question de distribution

Antigone et les gardes

A 1 Vrai. Ils l'appellent « Mademoiselle », ils rient quand elle dit qu'elle est la fille d'Œdipe, et ainsi de suite.
 2 Vrai. (« On a quartier libre dimanche »)
 3 Vrai. (« Ils vont peut-être nous donner une récompense »)
 4 Vrai. Ce sont les gardes qui répondent ; mais après, elle répond elle-même.
 5 Faux. Ou du moins impossible à dire. Elle ne montre pas sa peur.

B 1 lâcher
 2 sales
 3 caler
 4 une récompense
 5 saoul

C Vous pouvez commenter les exemples suivants :
les putains qu'on ramasse à la garde de nuit ...
elle montrait son cul
qu'est-ce qu'on va se payer comme gueuleton... ?
Les moutardes qui veulent pisser
on se les cale comme il faut

53

Créon et Antigone

Étape 1

A 1 Polynice rentre fatigué après la chasse. Antigone, la bonne sœur, prépare de quoi manger, enlève ses chaussures, prépare son lit. Elle le soigne.
 2 Antigone n'est qu'une servante. Elle entend la nouvelle – que l'enterrement de son frère est interdit – et elle s'en va tout de suite pour l'enterrer.

B 1 dit que c'était tout simplement son frère.
 2 dit qu'elle savait qu'il la punirait.
 3 méprise l'héroïsme. Il croit que l'époque de l'héroïsme est passée.
 4 sait que c'est un travail difficile, ennuyeux, désagréable même.
 5 l'aime.

C 1 éternellement
  2 l'orgueil
  3 mendier
  4 drôle
  5 crasseux

Étape 2

A 1 Vrai
  2 Faux. Créon demande si elle y croit. Elle ne répond pas, mais elle admet que ce geste est « absurde ».
  3 Faux. Elle agit « pour personne. Pour moi. »
  4 Vrai (Elle lui dit de ne pas s'attendrir, mais il « se rapproche », « la regarde en silence ».)
  5 Vrai ou Faux. Il pourra la torturer, mais nous ne savons pas s'il le fera ou non.
  6 Vrai.
  7 Vrai
  8 Vrai
  9 Faux. Il est redevenu grave ; il a les yeux riants momentanément, mais pas longtemps.
 10 Vrai.

54

B 1 te faire prendre
  2 errer
  3 écourtant les mots
  4 hurler
  5 dérisoire
  6 sa dépouille
  7 un gibier
  8 éternellement
  9 tu nargues
 10 grave

Étape 3

A 1 cette ombre éplorée ; ce corps qui décompose
  2 le métier ; un ouvrier
  3 petite ; vivante et muette ; reine
  4 trop sensible pour faire un bon tyran ; laid
  5 la barque ; le bateau

B 1 une révolte qui n'a pas réussi
  2 votre équipement
  3 les blessures qui ont été causées par tes soldats
  4 vous criez une commande
  5 épuisé, n'en pouvant plus

Étape 4

A 1 une fleur de cotillon/papier ; un matin, après une fête ou une soirée. Polynice rentrait et a vu Antigone. Il lui a donné cette fleur et elle l'a conservée.

2 Son père lui avait refusé de l'argent.

3 Ils s'étaient battus si violemment que leurs corps étaient presque détruits.

4 Cela lui est égal.

5 D'aller voir Hémon et de l'épouser.

B tes poupées

leurs premières cigarettes

leurs premiers pantalons longs

sentant le vin

si beau dans son vêtement du soir

avec ses voitures

dans les bars

Polynice ... qui allumait une cigarette

Étape 5

A 1 Cela rappelle les mots d'Hémon (« c'est plein de disputes, un bonheur ») et le fait que « le bonheur » a déjà été méprisé par Antigone. Même les phrases ici « tout de même », « peut-être », « ne ... que » impliquent une certaine modestie. Nous savons qu'Antigone est idéaliste, non pas modeste. Elle ne va pas accepter cette constatation facile.

2 Voici une image des gens qui cherchent le bonheur, selon Antigone. Cette recherche de bonheur est minable ; ceux qui le poursuivent ne sont que des bêtes, incapables de chasser, sans discrimination, ayant besoin de la charité des hommes pour continuer. Le bonheur, c'est les petits morceaux laissés par les autres.

3 Antigone parle de la bataille qu'elle est en train d'avoir avec Créon. Ce n'est pas une bataille noble ; il doit ne pas l'apprécier. Elle, par contre, semble s'amuser. Elle le nargue.

4 Créon n'est pas du tout noble. Il avait montré son dédain pour Œdipe tout à l'heure, en disant qu'il exagérait toujours, jouait le héros tragique ; il disait que la vie est beaucoup plus prosaïque que cela. Maintenant c'est le tour d'Antigone de se moquer de lui. Son père était peut-être fou, mais il était noble, héroïque, tragique. Cette modestie, ce travail quotidien, ce bonheur dont Créon se vante sont bourgeois, ignobles, bas.

5 Créon a peur ici. Bien sûr, elle veut se perdre (ou gagner sa propre identité).

B Il faut noter ici :

– le début sourd et lent de Créon, « la tête dans les mains »

55

- les silences, pendant lesquels ils ne se regardent pas
- Créon s'approche d'Antigone
- Antigone va sortir ; il la rappelle
- elle rit ; il la secoue
- il finit par agir violemment : il essaie de lui fermer la bouche, lui broie le bras

C   – son attitude envers les garçons
- son exclamation « Pauvre Antigone avec sa fleur de cotillon ! »
- son attitude envers les discours
- « cela m'est égal »

L'ensemble de la scène

1   Vous pouvez relever les raisons suivantes :
- besoin de souligner son autorité
- affection pour sa nièce
- mépris pour Polynice, qui s'était révolté contre l'autorité
- mépris pour l'orgueil d'Œdipe, le désir d'être héroïque
- désir de voir Thèbes en paix, bien gouverné
- mépris pour les règles et les rites funéraires
- désir de bien faire son travail

2   Vous pouvez relever les raisons suivantes :
- affection pour Polynice, qu'elle admirait
- orgueil
- désir de se dresser contre Créon, contre l'autorité
- respect pour les rites (est-ce qu'elle y croit vraiment ?)
- égoïsme : pour se prouver
- pour refuser de transiger avec la vie, avec ses idéaux
- peur de vieillir
- peur de voir Hémon vieillir, de ne pas rester comme ils sont maintenant

Créon, Hémon, le chœur

A   1   a parlé de ce qu'elle a fait/ne l'aime pas/préfère mourir
2   de la faire tuer
3   la sauver
4   le juge
5   tout le monde doit devenir grand, accepter de vieillir/tout le monde est seul et nu

B   1   we shall all bear this wound in our side
2   let go of me
3   she has been screaming around the palace
4   your chat
5   when you have taken that step

Antigone et le garde

tout humble
son exclamation « O tombeau ! ... »
elle est toute petite ; elle s'entoure de ses bras
soudain lasse
je suis toute seule
un pauvre rictus
un petit frisson
j'ai peur que nous n'ayons plus le temps
c'est terrible ... j'ai peur

Le messager et la fin de la pièce

A 1 parce qu'on a entendu des cris venant du fond du trou, où Antigone avait été jetée.

2 qu'il y avait quelqu'un d'autre qu'Antigone dans ce trou, et qu'il s'agissait de son fils Hémon.

3 parce qu'il essayait de faire bouger les pierres le plus vite possible.

4 Elle s'est pendue aux fils de sa ceinture.

5 Il s'est suicidé, en plongeant son couteau dans le ventre.

6 Elle est morte tout à fait tranquillement. Elle a appris la mort de son fils, elle a fini de tricoter, elle est rentrée dans sa chambre, et elle s'est coupé la gorge.

7 Antigone avait refusé la vie adulte, en disant que la vie adulte, avec son bonheur, voulait dire transiger, perdre les idéaux. Créon avait avoué que la vie adulte est dure, qu'elle signifie le travail et la solitude. Il a payé tellement cher, qu'il semble momentanément se mettre du côté d'Antigone, non pas pour refuser de mener sa propre vie adulte, et sa « sale besogne », mais pour se demander si pour son page, il ne serait peut-être pas préférable de mourir jeune.

B 1 des plaintes

2 (il) a bondi hors de sa portée

3 sagement

4 d'habitude

5 devant l'ouvrage

6 une sale besogne

7 son devoir lui est remis

8 un grand apaisement

9 une partie

10 abattent leurs atouts

57